本書の特色と使い方

ゆっくりていねいに、段階を追った学習ができます。支援学級などでの個別指導にも最適です。

・問題量に配慮した、ゆったりとした紙面構成で、読み書きが苦手な子どもでも、ゆっくりていねいに段階を追って学習することができます。

・漢字が苦手な子どもでも学習意欲が減退しないように、問題文の全ての漢字にふりがなを記載しています。

光村図書国語教科書から抜粋した詩・物語・説明文教材、ことば・文法教材の問題を掲載しています。

・教科書掲載教材を使用して、授業の進度に合わせて予習・復習ができます。

・目次に教科書マークがついている単元は、教科書の本文が掲載されていません。教科書をよく読んで学習しましょう。

どの子も理解できるよう、文章読解を支援する工夫をしています。

・長い文章の読解問題の場合は、読みとりやすいように、問題文を二つなどに区切って、問題文と設問に1、2…と番号をつけ、短い文章から読みとれるよう配慮しました。

・読解のワークシートでは、設問の中で着目すべき言葉に傍線（サイドライン）を引いておきました。

・記述解答が必要な設問については、答えの一部をあらかじめ解答欄に記載しておきました。

意欲をはぐくむ工夫をしています。

・解答欄をできるだけ広々と書きやすいよう配慮しています。

・内容を理解するための説明イラストなども多数掲載しています。イラストは色塗りなども楽しめます。

※ワークシートの解答例について（お家の方や先生方へ）

本書の解答は、あくまでもひとつの「解答例」です。お子さまに取り組ませる前に、必ず指導される方が問題を解いてください。指導される方の作られた解答をもとに、お子さまの多様な考えに寄り添って○つけをお願いします。

ゆっくり　ていねいに学べる

国語教科書支援ワーク

（光村図書の教材より抜粋）

もくじ　１－②

①②…の　じゅんに　かたかなを　なぞりましょう。

アイウエオ
カキクケコ
サシスセソ
タチツテト
ナニヌネノ
ハヒフヘホ
マミムメモ
ヤイユエヨ
ラリルレロ
ワヲン

かたかなを　なぞりましょう。

アイウエオ
カキクケコ
サシスセソ
タチツテト
ナニヌネノ
ハヒフヘホ
マミムメモ
ヤイユエヨ
ラリルレロ
ワヲン

なまえことば（どうぶつ）（1）

なまえ

● なまえを ひらがなで かきましょう。

①

い

②

く

③

う

④

ね

⑤

ぞ

⑥

あ

⑦

た

⑧

ひ

ほかの どうぶつの なまえを ひとつ かきましょう。

えと ちがう
どうぶつの なまえを
かいても いいよ。

う○

う○○

り○

き○○

し○○○

と○

なまえことば (2)

（うみに いる いきもの）

なまえ

● なまえを ひらがなで かきましょう。

①

か

②

た

③

え

④

い

⑤

か

⑥

く

⑦

ら

⑧

し

ほかの いきものの なまえを ひとつ かきましょう。

い○

さ○

あ○○

く○○

ひ○○

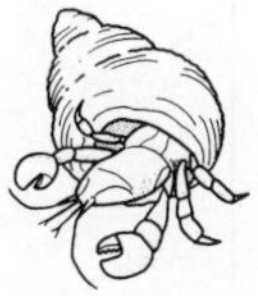
や○○○

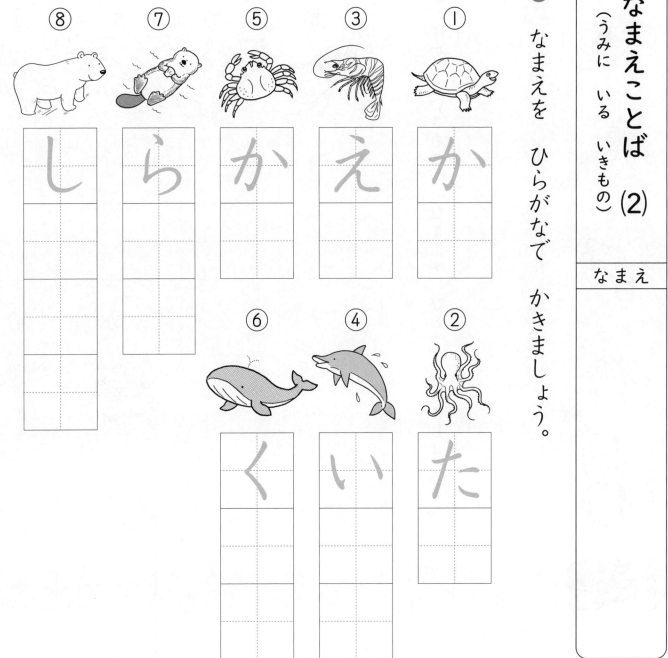

なまえことば (3)

（むし、ちいさな　いきもの）

なまえ

● なまえを　ひらがなで　かきましょう。

①
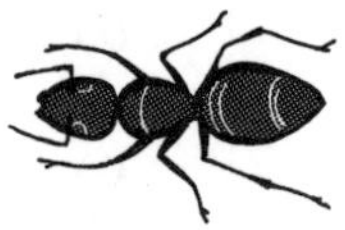
あ

②

く

③

は

④

と

⑤

せ

⑥
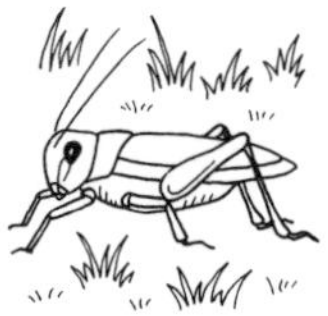
ば

⑦

ち

⑧
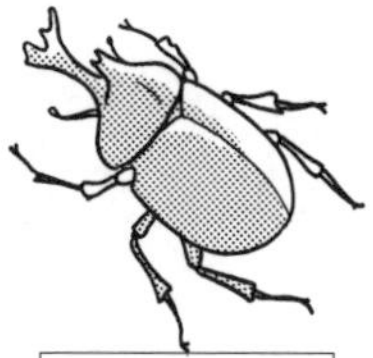
か

ほかの　いきものの　なまえを　ひとつ　かきましょう。

ほ○○

か○○○

こ○○○

て○○○○○

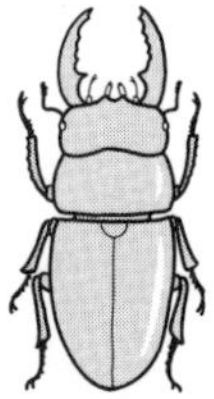
く○○○○○

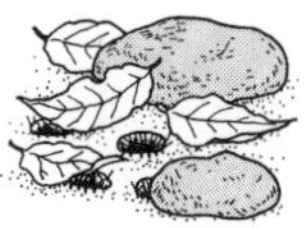
だ○○○○

なまえことば (4)

（はな、きのみ、はっぱ）

なまえ

● なまえを ひらがなで かきましょう。

① 

あ

② 

さ

③ 

た

④ 

ひ

⑤ 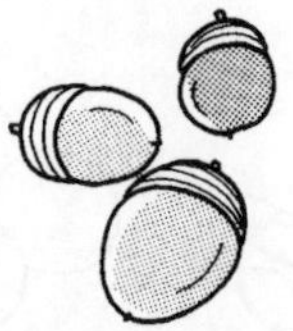

ど

ほかの なまえを ひとつ かきましょう。

ば○

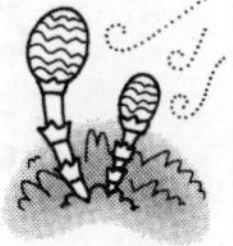

つ○○

あ○○○

ゆ○

も○○

す○○

なまえことば (5)
（くだもの）

なまえ

● くだものの なまえを ひらがなで かきましょう。

①

か

②

い

③
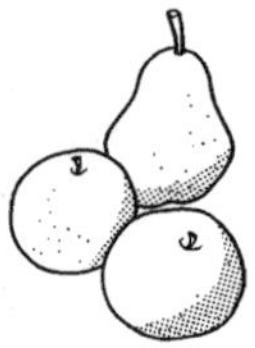
な

④

ぶ

⑤

も

⑥

み

⑦

り

⑧

さ

ほかの たべものの なまえを ひとつ かきましょう。

あ○

す○○

せ○○○

か○○○○

だ○○

お○○○

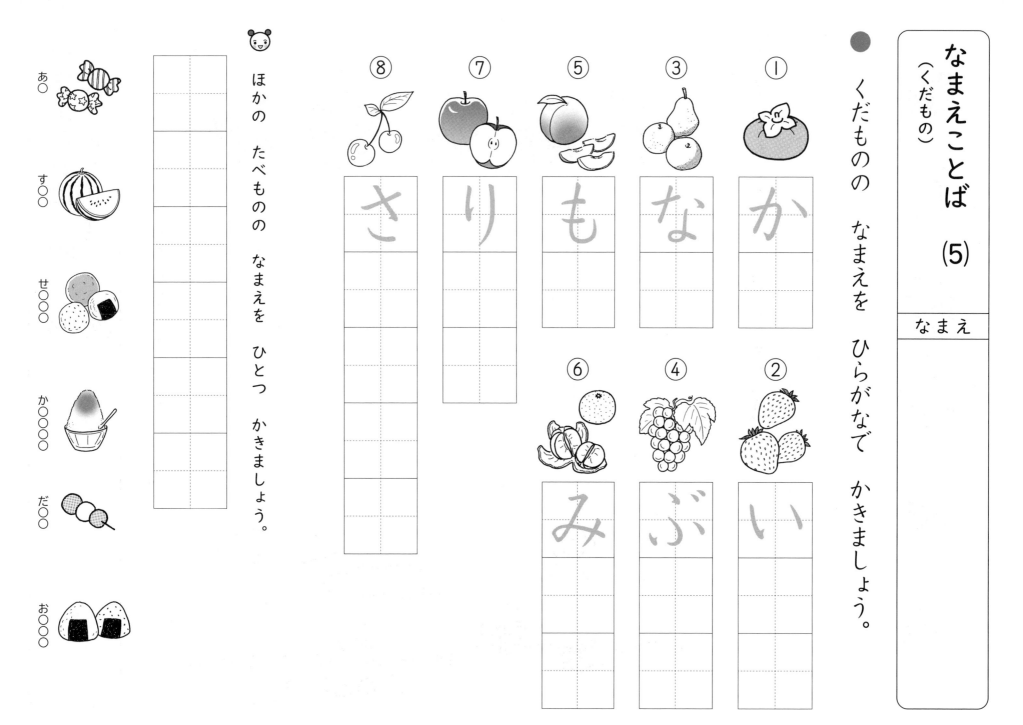

なまえことば (6)
（のりもの）

なまえ

● なまえを ひらがなで かきましょう。

①

じ

②

ふ

③

ひ

④

で

⑤

し

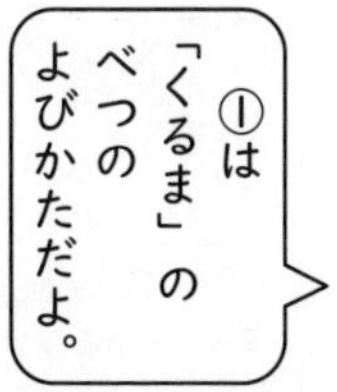

ほかの のりものの なまえを ひとつ かきましょう。

き○○○○○○○

し○○○○○

き○○○

じ○○○○

い○○○○○

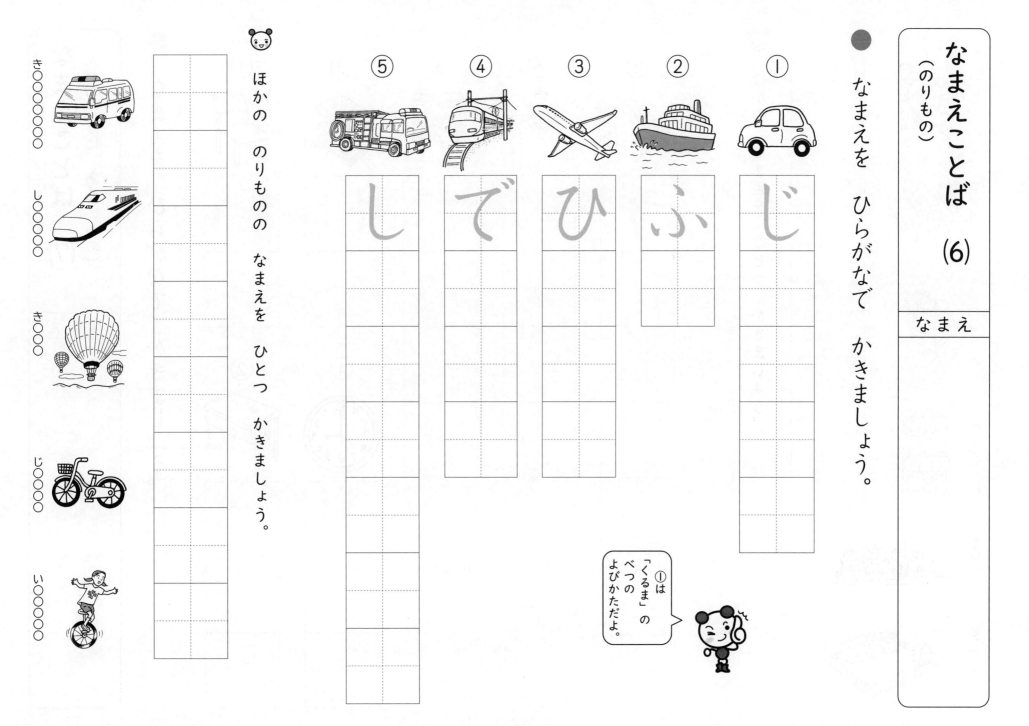

なまえことば (7)
（がっこうに ある もの）

なまえ

● なまえを ひらがなで かきましょう。

①

い

②

つ

③

ほ

④

と

⑤

こ

⑥
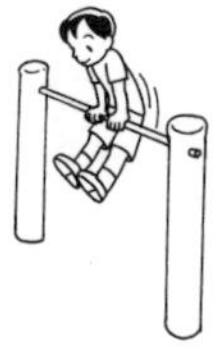
て

⑦

す

ほかの なまえを ひとつ かきましょう。

お○○○○

も○○○

と○○○

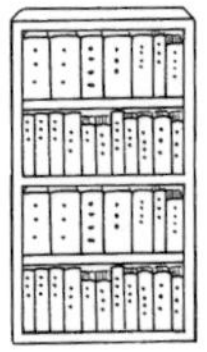
ほ○○○

か○○

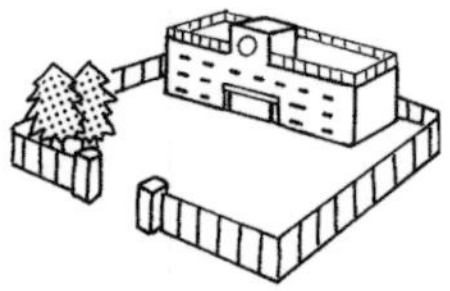
こ○○○

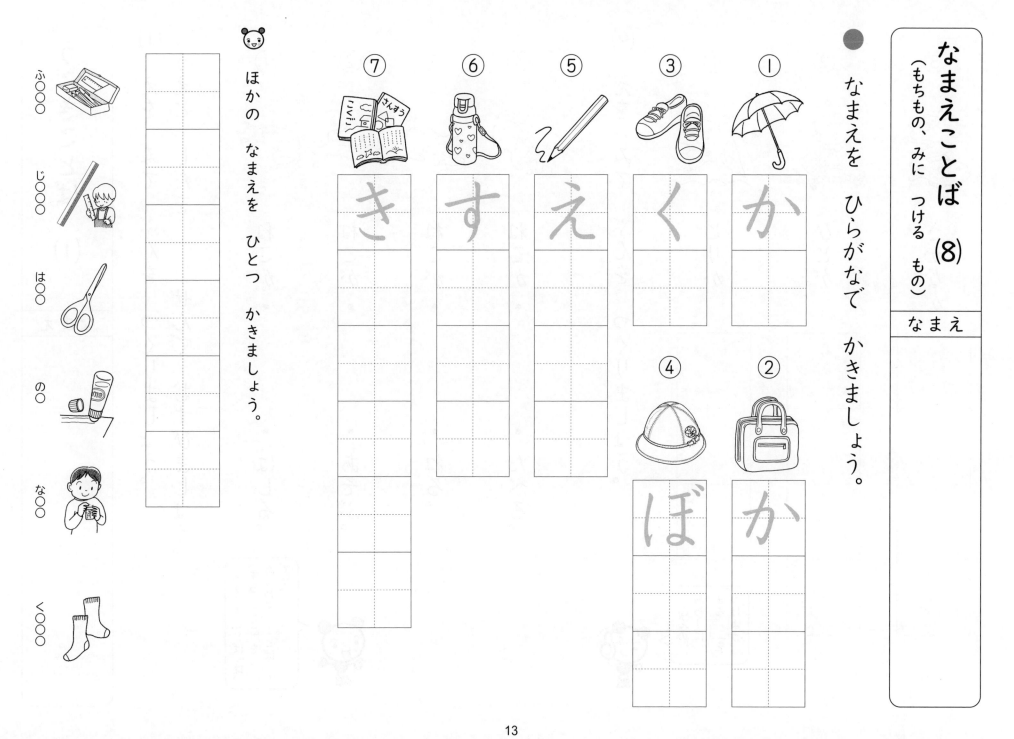

なまえことば (8)

（もちもの、みに つける もの）

なまえ

● なまえを ひらがなで かきましょう。

①

か

②

か

③

く

④
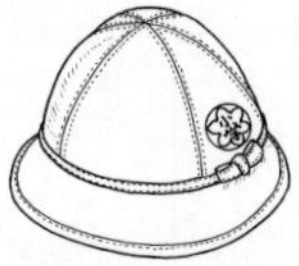
ぼ

⑤

え

⑥

す

⑦

き

ほかの なまえを ひとつ かきましょう。

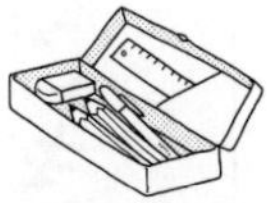
ふ○○○

じ○○○

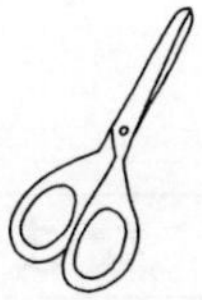
は○○

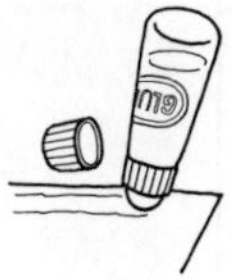
の○

な○○

く○○○

うごきことば (1)

なまえ

(1) えを みて ぶんを つくりましょう。
うえと したを ——せんで むすびましょう。

①  ねこが・　　・はしる。

②  ねこが・　　・あそぶ。

③  ねこが・　　・ねる。

④  ねこが・　　・たべる。

「うごきことば」は、「する こと」を あらわす ことば です。

(2) えを みて ぶんを つくりましょう。

①  とりが と　。

②  ひとが あ　。

③  さかなが お　。

ぶんの おわりに まる［。］を つけよう。

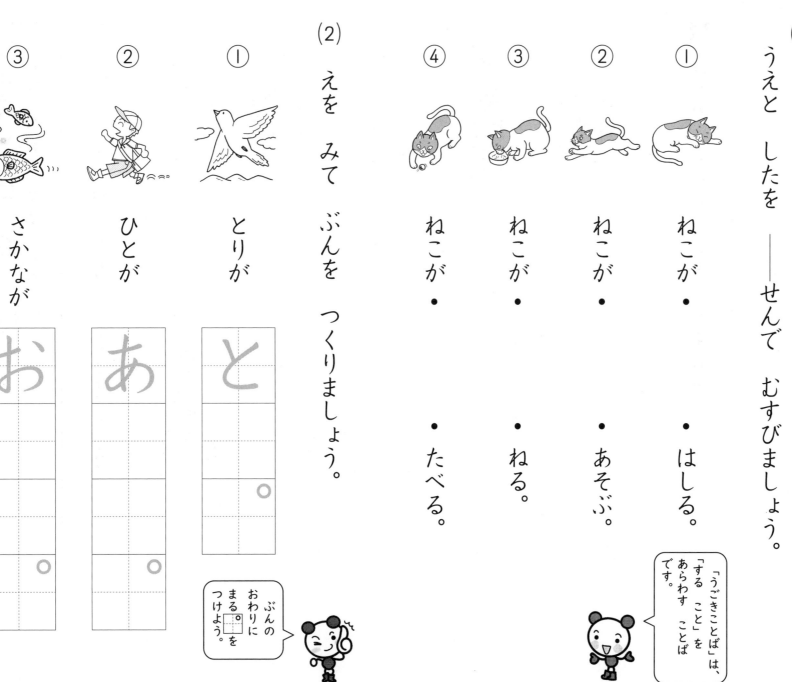

うごきことば (2)

なまえ

● えを　みて　ぶんを　つくりましょう。
□から　ことばを　えらんで　かきましょう。

① 
ほんを　　　。

② 
てがみを　　　。

③ 
おんがくを　　　。

④ 
ともだちと　　　。

⑤ 
いすに　　　。

⑥ 
やまに　　　。

⑦ 
ごはんを　　　。

- よむ
- のぼる
- きく
- かく
- はなす
- たべる
- すわる

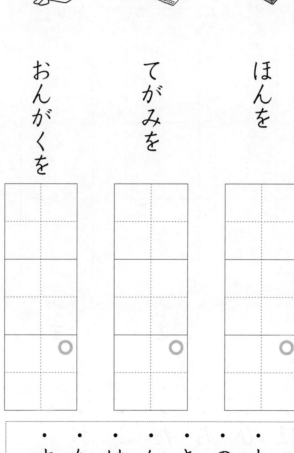

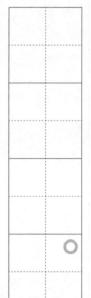

ようすことば (1)

なまえ

● 二《ふた》つの えを みて、ようすを あらわす ことばを かきましょう。
□ から ことばを えらんで かきましょう。

①

いぬ　いぬ

②

やま　やま

③

木《き》　木《き》

・おおきい
・ふとい
・たかい
・ちいさい
・ひくい
・ほそい

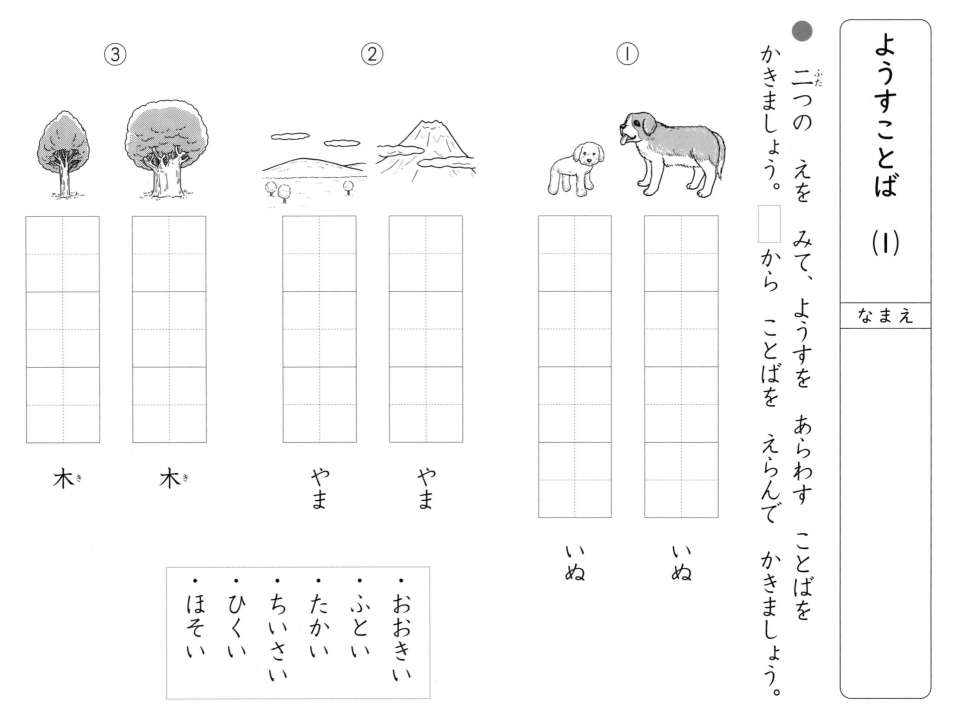

ようすことば ⑵

なまえ

● 二《ふた》つの　えを　みて、ようすを　あらわす　ことばを　かきましょう。□から　ことばを　えらんで　かきましょう。

①

のみもの

のみもの

②

くるま

くるま

③

なわ

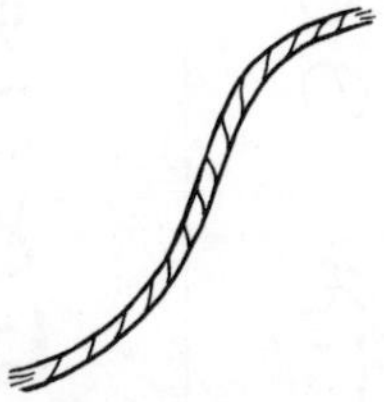

なわ

・あつい
・おそい
・みじかい
・はやい
・ながい
・つめたい

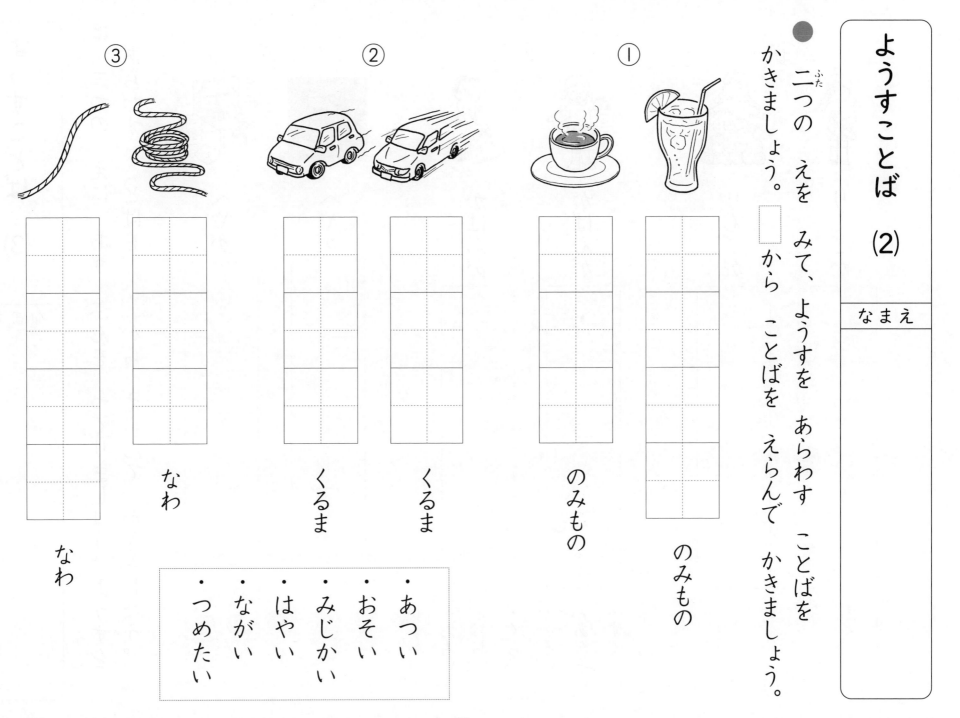

ようすことば (3)

なまえ

● 二《ふた》つの えに あう ぶんを つくりましょう。ようすを あらわす ことばを、[ ] から えらんで かきましょう。

①

へやが

へやが

②

かばんが

かばんが

・おもい
・おおい
・くらい
・かるい
・あかるい
・すくない

③

りんごが

りんごが

ようすことば(4)

(いろや　きもちを　あらわす　ことば)

なまえ

(1)　えを　みて、いろを　あらわす　ことばを　かきましょう。

□から　ことばを　えらびましょう。

①

あかい
はな

②

そら

③

くも

④

とり

・しろい
・あおい
・くろい
・あかい

(2)　えを　みて、きもちを　あらわす　ことばを　かきましょう。

□から　ことばを　えらびましょう。

①

ともだちと　あそんで
たのしい
きもち

②

かびんを　わって　しまって
きもち

③

おくりものを　もらって
きもち

・かなしい
・うれしい
・たのしい

ようすことば(5)

（おもった こと、かんじた ことを あらわす ことば）

なまえ

(1) えに あう ことばを えらびましょう。うえと したを ——せんで むすびましょう。

①  ・　・かわいい

②  ・　・おいしい

③  ・　・おもしろい

④  ・　・ねむい

(2) えに あう ことばを かきましょう。
□から ことばを えらびましょう。

① 

② 

③ 

④ 

・こわい
・あつい
・いたい
・さむい

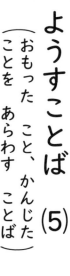

くじらぐも (1)

なまえ

つぎの ぶんしょうを 二《に》かい よんで、こたえましょう。

1

四《よ》じかんめの ことです。
一《いち》ねん二《に》くみの
子《こ》どもたちが
たいそうを して
いると、空《そら》に、
Ⓐ大《おお》きな くじらが
あらわれました。
まっしろい くもの
くじらです。

2

「一《いち》、二《に》、三《さん》、四《し》。」
くじらも、たいそうを
はじめました。
のびたり ちぢんだり
して、
しんこきゅうも
しました。

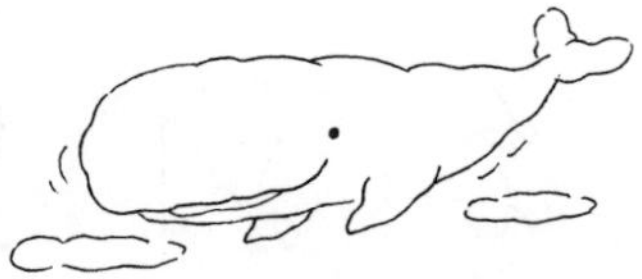

（令和二年度版 光村図書 国語一下 ともだち なかがわ りえこ）

1

(1) 子《こ》どもたちが なにを して いる ときの ことですか。

(2) Ⓐ大《おお》きな くじらとは、どんな くじらでしたか。○を つけましょう。

（　）まっしろい くもの くじら。

（　）まっくろい うみの くじら。

2

(1) なんと いう かけごえで、くじらも たいそうを はじめましたか。

(2) くじらは、どんな たいそうを しましたか。三《みっ》つに ○を つけましょう。

（　）のびる

（　）ちぢむ

（　）はしる

（　）しんこきゅう

くじらぐも (2)

なまえ

つぎの　ぶんしょうを　二《に》かい　よんで、こたえましょう。

1

みんなが
かけあしで
うんどうじょうを
まわると、
くもの　くじらも、
空《そら》を　まわりました。

2

せんせいが
ふえを　ふいて、
とまれの　あいずを
すると、
くじらも
とまりました。

（令和二年度版　光村図書　国語一下　ともだち　なかがわ　りえこ）

1

(1) みんなは、かけあしで　どこを　まわりましたか。

(2) みんなが　うんどうじょうを　まわると、くもの　くじらは　どこを　まわりましたか。

2

(1) ふえを　ふいたのは　だれですか。

(2) とまれの　あいずで、くじらは　どう　しましたか。一《ひと》つに　○を　つけましょう。

（　）ふえを　ふいた。

（　）空《そら》を　まわった。

（　）とまった。

くじらぐも (3)

つぎの ぶんしょうを 二《に》かい よんで、こたえましょう。

なまえ

1

「まわれ、みぎ。」
せんせいが ごうれいを
かけると、くじらも、
空《そら》で まわれみぎを
しました。
「あの くじらは、きっと
がっこうが
すきなんだね。」

2

みんなは、大《おお》きな
こえで、
Ⓐ「おうい。」
と よびました。
Ⓘ「おうい。」
と、くじらも
こたえました。

（令和二年度版 光村図書 国語一下 ともだち なかがわ りえこ）

1

(1) せんせいが 「まわれ、みぎ。」と ごうれいを かけると、くじらは 空《そら》で なにを しましたか。

(2) みんなは、くじらの ことを どう おもいましたか。○を つけましょう。

（　）きっと がっこうが すき。

（　）まねを するのが すき。

2

(1) みんなは、どんな こえで よびましたか。

(2) Ⓐ、Ⓘの ことばは、だれが いった ことばですか。

Ⓐ

Ⓘ

くじらぐも (4)

なまえ

つぎの ぶんしょうを 二《に》かい よんで こたえましょう。

1

あ「ここへ おいでよう。」
みんなが さそうと、
い「ここへ おいでよう。」
と、くじらも
さそいました。

2

「よし きた。
くもの くじらに
とびのろう。」
男《おとこ》の子《こ》も、
女《おんな》の子《こ》も、
はりきりました。

（令和二年度版 光村図書 国語一下 ともだち なかがわ りえこ）

1

(1) あの ことばは、だれが いった ことばですか。

(2) いの ことばは、だれが いった ことばですか。

2

(1) くじらの さそいを きいて、みんなは どうしようと いいましたか。

くもの くじらに
（　　　　）。

(2) みんなは、どんな ようすでしたか。○を つけましょう。

（　）こわがって いる ようす。
（　）はりきった ようす。

しらせたいな、見《み》せたいな

なまえ

つぎの 文《ぶん》しょうを 二《に》かい よんで、こたえましょう。

　　モルモットのもこ
　　　むらた　こうき
　もこのけは、しろとちゃいろとくろです。あさわるとふわふわしていて、とてもやわらかいです。
　めは、まっくろです。まるくてかわいいです。
　はなのまわりには、ながいひげがはえています。
　えさをやると、くちをもぐもぐうごかしていたべます

（令和二年度版　光村図書　国語一下　ともだち「しらせたいな、見せたいな」による）

(1) モルモットの　なまえは　なんですか。

(2) この　文《ぶん》しょうを　かいた　ひとの　なまえは　なんですか。

(3) あさわるとの　あとに「てん（、）」を　うちます。どこに　うてば　いいですか。うえの　ます目《め》□に　かきいれましょう。

(4) いたべますの　あとに「まる（。）」を　うちます。どこに　うてば　いいですか。うえの　ます目《め》□に　かきいれましょう。

(5) モルモットの　からだの　なにに　ついて　かいて　ありますか。三《みっ》つに　○を　つけましょう。

（　）けの　いろと　さわった　かんじ。
（　）からだの　大《おお》きさ。
（　）めの　いろと　かたち。
（　）はなの　まわりの　ようす。

まちがいを なおそう（くっつきの「は・を・へ」）(1)

なまえ

● つぎの 文《ぶん》で、字《じ》の つかいかたが まちがって いる ひらがなに ×を つけて、正《ただ》しい 字《じ》を よこに かきましょう。

〈れい〉 わたし~~わ~~は、 わらう。

① ぼくは、 どんぐりお ひろいました。

② おとうとは、 こうえんえ いきました。

③ こまわ、 くるくると まわります。

④ わたしは、 いそいで いええ かえりました。

⑤ いもうとは、 じょうずに おりがみお おります。

なにかの ことばに くっつく 字《じ》には、
「は・を・へ」を つかうよ。

まちがいを なおそう
（くっつきの「は・を・へ」）(2)

なまえ

● つぎの 文《ぶん》で、字《じ》の つかいかたが まちがって いる ひらがなに ×を つけて、正《ただ》しい 字《じ》を よこに かきましょう。
（まちがって いる 字《じ》は 二《ふた》つずつ あります。）

① わたしわ、がっこうえ いきます。

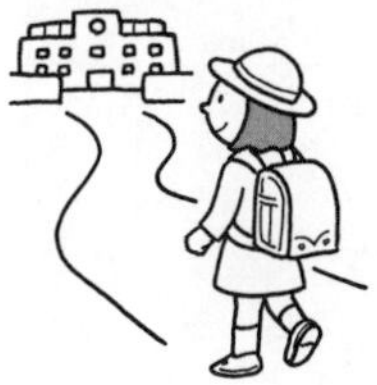

② ぼくわ、げんかんで くつお はきました。

③ いもうとわ、おかあさんと えきえ いきました。

④ わたしわ、かおお ていねいに あらいました。

⑤ わにわ、ゆっくりと かわえ かえって いきました。

まちがいを なおそう (3)

（くっつきの「は・を・へ」と かなづかい）

なまえ

(1) ——せんの かなづかいが 正《ただ》しい ほうに ○を つけましょう。

① （　）ぼくわ、いもおとお 見《み》た。
（　）ぼくは、いもうとを 見《み》た。

② （　）きのう、えいごの せんせいが きた。
（　）きのお、ええごの せんせえが きた。

(2) つぎの 文《ぶん》には、かなづかいの まちがいが 三《みっ》つずつ あります。まちがいに ×を つけて、文《ぶん》を 正《ただ》しく かきなおしましょう。

〈れい〉 ら×こ×、か×いい。

らっこは、かわいい。

① わたしわ、おとおと えきえ いった。

わたし　、お と　とと
えき　いった。

② きのお、にわで、こうろぎお 見《み》つけた。

まちがいを　なおそう　(4)

（くっつきの「は・を・へ」と　かなづかい）

なまえ

● つぎの　文《ぶん》には、かなづかいの　まちがいが　あります。
まちがいに　×を　つけて、文《ぶん》を　正《ただ》しく　かきなおしましょう。

① まちがいを　四《よっ》つ　見《み》つけて、かきなおしましょう。

わたしわ、ぼおしお　かぶって、えきえ　いきました。

わたしは、

② まちがいを　五《いっ》つ　見《み》つけて、かきなおしましょう。

きのお、ぼくわ、どうぶつへんで、
大《おお》きな　ぞおお　見《み》ました。

ことばを　たのしもう　(1)

なまえ

つぎの　しを　二《に》かい　よんで、こたえましょう。

ぞうさんの　ぼうし

㋐ざじずぜぞうさん
ざくろの　えだに
がぎぐげごつんと
ぶつかって
だぢづでどしんと
でんぐりがえり
ばびぶべぼうし
ぱぴぷ㋑ぺぽんと
ふっとんだ

（令和二年度版　光村図書　国語一下　ともだち　なかがわ　りえこ）

(1)　㋐ざじずぜぞの　ような　五《ご》もじが、ほかに　「が○○○○」「だ○○○○」「ば○○○○」「ぱ○○○○」と、しの　中《なか》に　四《よっ》つ　あります。見《み》つけて　かきましょう。

がぎぐげご

だ

ば

ぱ

(2)　ぞうさんは　どんな　ようすで　えだに　ぶつかりましたか。○を　つけましょう。

（　）ごつん
（　）どしん

(3)　㋑ぽんと　ふっとんだのは、なんですか。

ことばを　たのしもう　(2)

なまえ

つぎの　ことばを　二《に》かい　はやくちで　いって、こたえましょう。

あ

なまむぎ
なまごめ
なまたまご

い

あおまきがみ
あかまきがみ
きまきがみ

う

かえる　ひょこひょこ
三《み》ひょこひょこ
あわせて　ひょこひょこ
六《む》ひょこひょこ

（令和二年度版　光村図書　国語一下　ともだち「ことばを　たのしもう」による）

(1) あ〜うの　ような　ことばを　なんと　いいますか。一《ひと》つに　○を　つけましょう。

（　）くりかえしことば
（　）はやくちことば
（　）むかしことば

(2) あで、くりかえして　いる　ことばを　かきましょう。

(3) いで、くりかえして　いる　ことばを　かきましょう。

(4) うで、くりかえして　いる　ことばを　かきましょう。

かん字《じ》の　はなし　(1)

なまえ

(1) かん字《じ》を　かく　れんしゅうを しましょう。（　）に　よみがなを かきましょう。

① 山（やま）

② 水（　）

③ 雨（　）

④ 上（　）

⑤ 下（　）

(2) つぎの　ものの　かたちから できた　かん字《じ》を　□から えらんで　かきましょう。

①　②　③　④　⑤

山《やま》　水《みず》　雨《あめ》　上《うえ》　下《した》

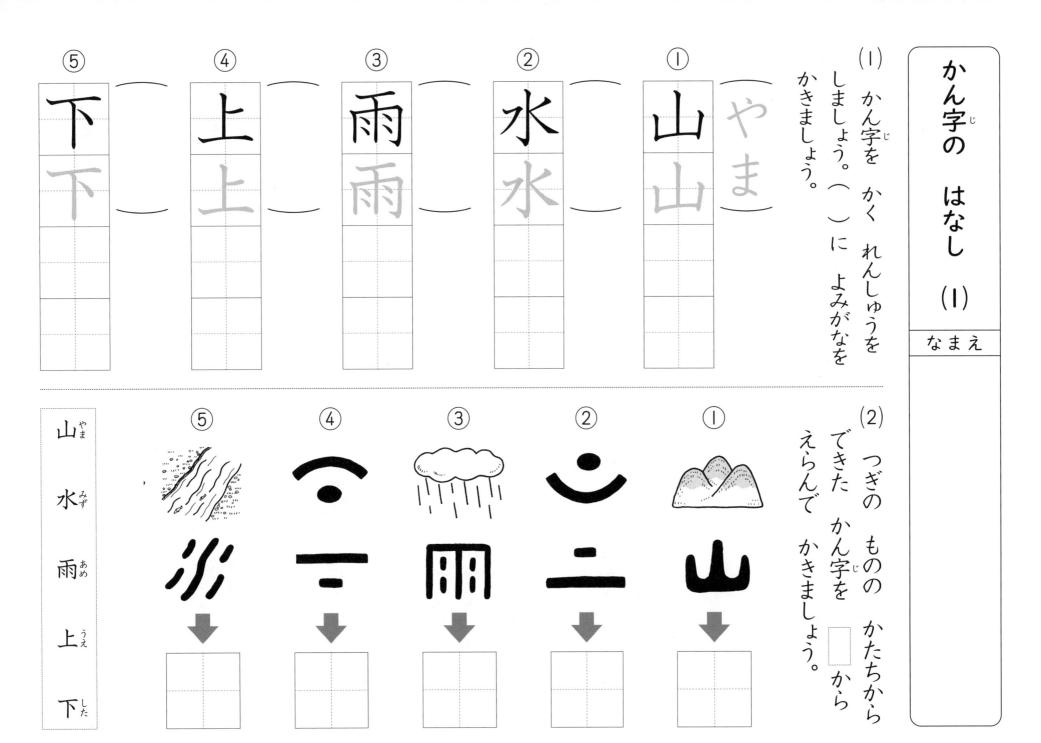

かん字《じ》の　はなし　(2)

なまえ

(1) かん字《じ》を　かく　れんしゅうを　しましょう。

① 日《ひ》

② 火《ひ》

③ 田《た》

④ 川《かわ》

⑤ 竹《たけ》

⑥ 月《つき》

(2) つぎの　ものの　かたちから　できた　かん字《じ》を　□から　えらんで　かきましょう。

① ② ③ ④ ⑤ ⑥

日《ひ》
火《ひ》
田《た》
川《かわ》
竹《たけ》
月《つき》

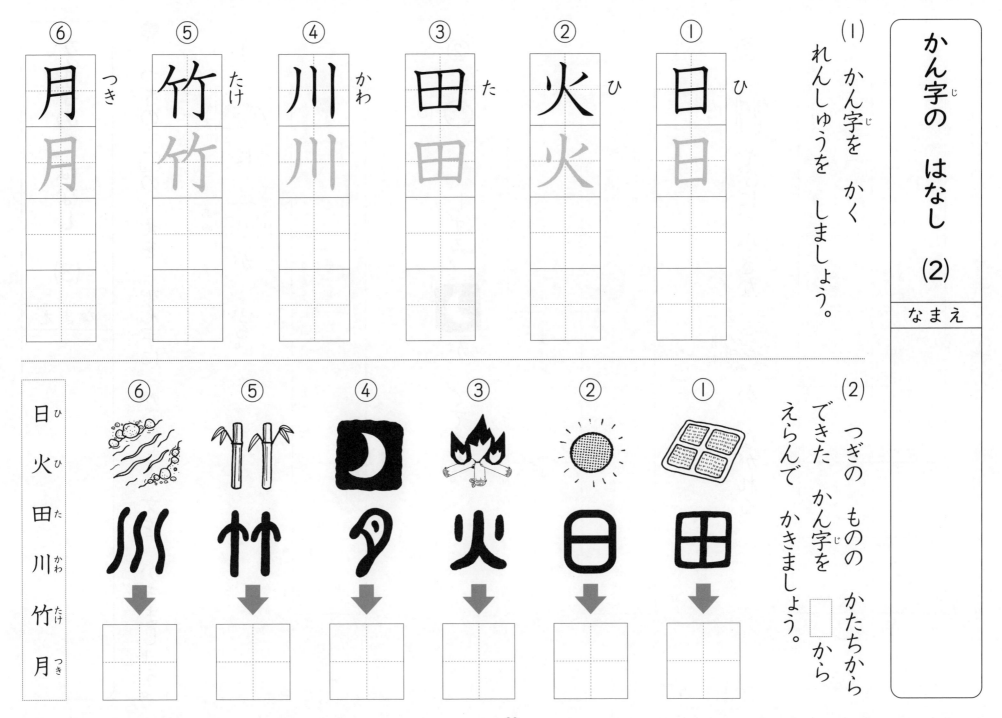

かん字《じ》の　はなし　(3)

なまえ

● つぎの □の えを かん字《じ》に なおして、文《ぶん》を かきましょう。

① 《やま》に 《あめ》が ふる。

山に雨がふる。

② 《ひ》が しずみ、《つき》が でてきた。

しずみ、でて

③ 《たけ》やぶに、小《ちい》さな 《かわ》が ながれる。

な　小

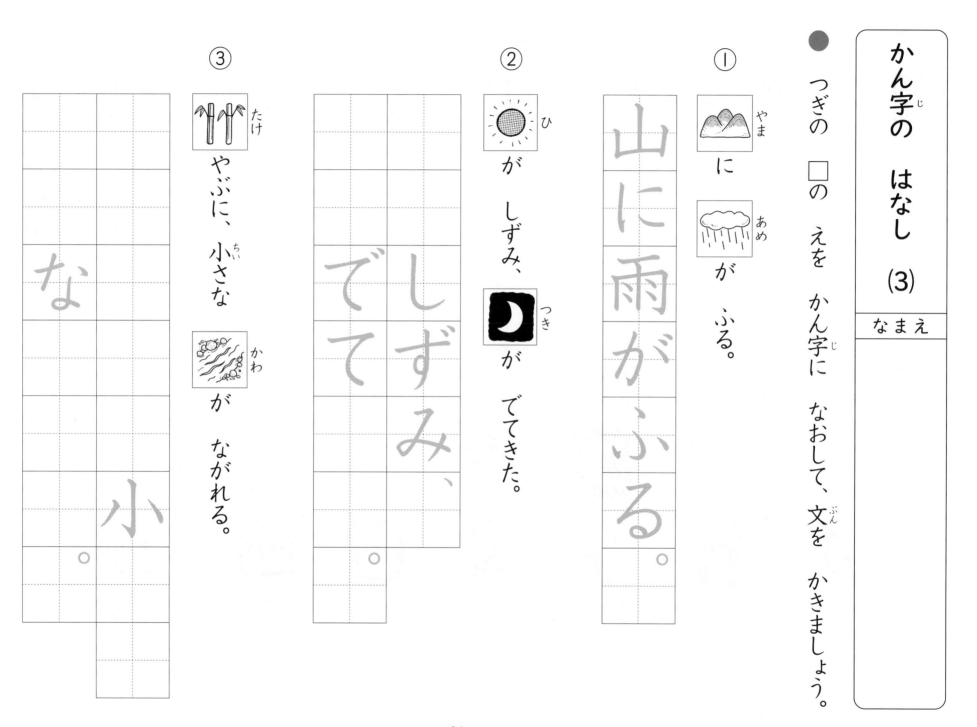

じどう車《しゃ》くらべ (1)

なまえ

つぎの 文《ぶん》しょうを 二《に》かい よんで、こたえましょう。

1 バスや じょうよう車《しゃ》は、人《ひと》を のせて はこぶ しごとを して います。

2 その ために、ざせきの ところが、ひろく つくって あります。

3 そとの けしきが よく 見《み》えるように、大《おお》きな まどが たくさん あります。

（令和二年度版 光村図書 国語一下 ともだち 「じどう車くらべ」 による）

1 バスや じょうよう車《しゃ》は、どんな しごとを して いますか。

（　　　　）を のせて
（　　　　） しごと。

2 しごとを する ために、なにが ひろく つくって ありますか。

3 大《おお》きな まどが たくさん あるのは、なんの ためですか。○を つけましょう。

（　）そとに いる 人《ひと》に 車《くるま》の なかを 見《み》せる ため。

（　）そとの けしきが よく 見《み》えるように する ため。

じどう車《しゃ》くらべ (2)

なまえ

つぎの 文《ぶん》しょうを 二《に》かい よんで、こたえましょう。

1

トラックは、にもつを はこぶ しごとを して います。

2

その ために、うんてんせきの ほかは、ひろい にだいに なって います。

3

おもい にもつを のせる トラックには、タイヤが たくさん ついて います。

（令和二年度版 光村図書 国語一下 ともだち 「じどう車くらべ」による）

1 トラックは、どんな しごとを して いますか。

（　　　　）を（　　　　）しごと。

2 しごとを する ために、なにが ひろく なって いますか。

（　　　　）

3 タイヤが たくさん ついて いるのは、どんな トラックですか。一《ひと》つに ○を つけましょう。

（　）うんてんせきが ひろい トラック。

（　）おもい にもつを のせる トラック。

（　）にだいが せまい トラック。

全文読解《ぜんぶんどっかい》

じどう車《しゃ》くらべ ⑶

なまえ

きょうかしょの 「じどう車《しゃ》くらべ」を よんで、こたえましょう。

⑴ つぎの じどう車《しゃ》は、どんな しごとを して いますか。
――せんで むすびましょう。

① バスや じょうよう車《しゃ》 ・

② トラック ・

③ クレーン車《しゃ》 ・

・ おもい ものを つり上《あ》げる しごと。

・ にもつを はこぶ しごと。

・ 人《ひと》を のせて はこぶ しごと。

⑵ クレーン車《しゃ》は どんな つくりに なって いますか。
二《ふた》つに ○を つけましょう。

（　）じょうぶな うでが、のびたり うごいたり する。

（　）まどが たくさん ついて いる。

（　）タイヤが たくさん ついて いる。

（　）しっかりした あしが、ついて いる。

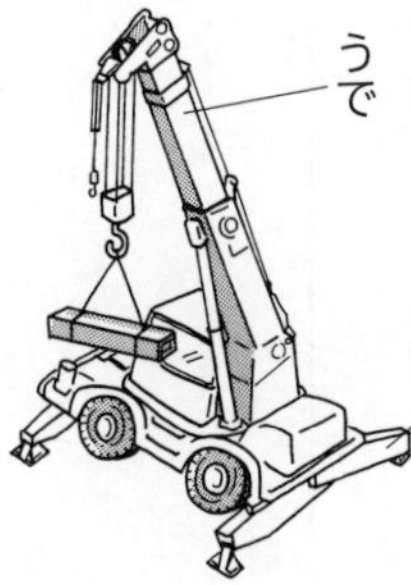

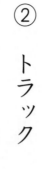

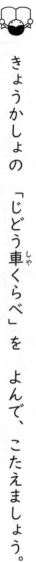

じどう車《しゃ》ずかんを つくろう

なまえ

つぎの カードの 文《ぶん》しょうを 二《に》かい よんで、こたえましょう。

きゅうきゅう車《しゃ》は、けがを した 人《ひと》や、びょうきの 人《ひと》を、びょういんへ はこぶ しごとを して います。
そのために、うんてんせきの うしろは、ベッドが いれられる ように なって います。

（令和二年度版 光村図書 国語一下 ともだち 「じどう車ずかんを つくろう」による）

(1) なんと いう じどう車《しゃ》に ついて かいて ありますか。

(2) どんな 人《ひと》を はこぶ しごとを して いますか。二《ふた》つに ○を つけましょう。

（ ）けがを した 人《ひと》。
（ ）げんきな 人《ひと》。
（ ）びょうきの 人《ひと》。

(3) しごとを する ために、うんてんせきの うしろに なにが いれられる つくりに なって いますか。

(4) かいて ある じゅんに 1、2の ばんごうを かきましょう。

（ ）つくりに ついて。
（ ）しごとに ついて。

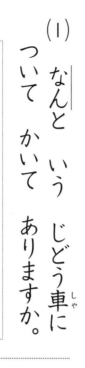

かたかなを　かこう　(1)

なまえ

● のばす　おんに　きを　つけて、えに　あう　ことばを　かたかなで　かきましょう。

①

ケーキ

②

ソ　ス

③

ホ

④

カヌ

⑤

シ

⑥

シ　トベル

パトカー

ボート

スキー

ヨーグルト

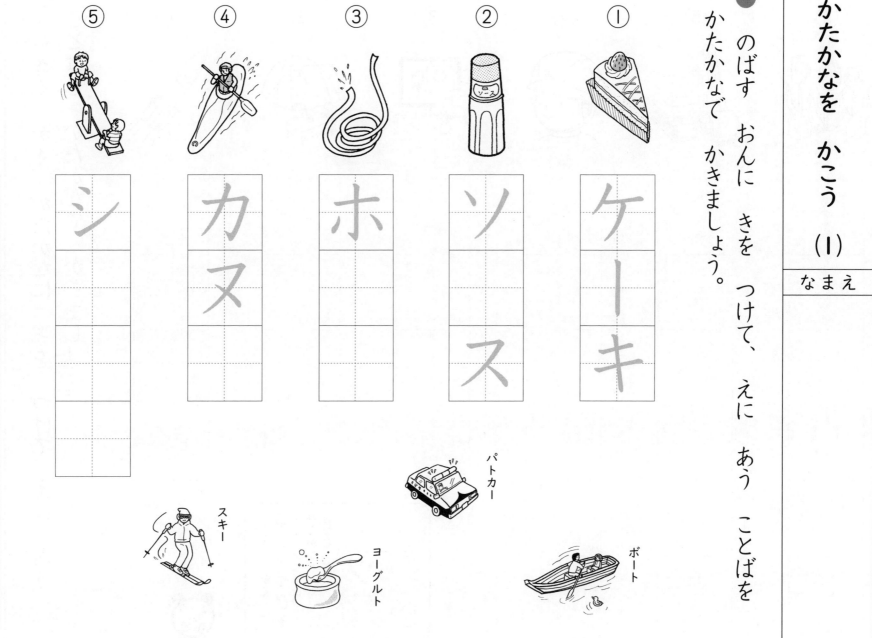

かたかなを　かこう　(2)

なまえ

● 小《ちい》さく　かく　かたかなに　きを　つけて、えに　あう　ことばを　かたかなで　かきましょう。

① 

ロケット

② 

キャ

③ 

ニュー

④ 

ヘルメ

⑤ 

ショベ

⑥ 

チリ

小《ちい》さく　かく　「ヤ・ユ・ヨ・ツ」を　かく　ばしょは、ひらがなと　おなじ　だよ。

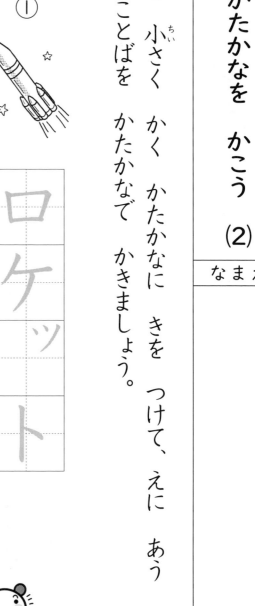

かたかなを　かこう　(3)

なまえ

● えに　あう　ことばを　かたかなで　かいて、しりとりを　しましょう。

①

サ□ドイ□チ

②

チ□コレ□ト

③

□ラ□□

④

ク□ス□□

⑤

スケ□□

⑥
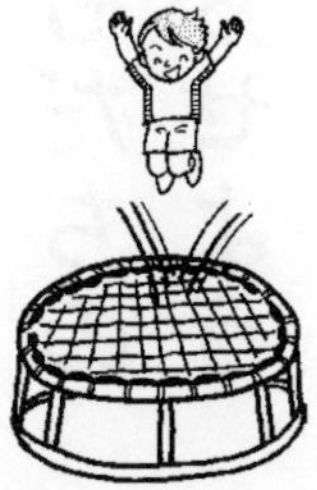
ト□ンポ□□

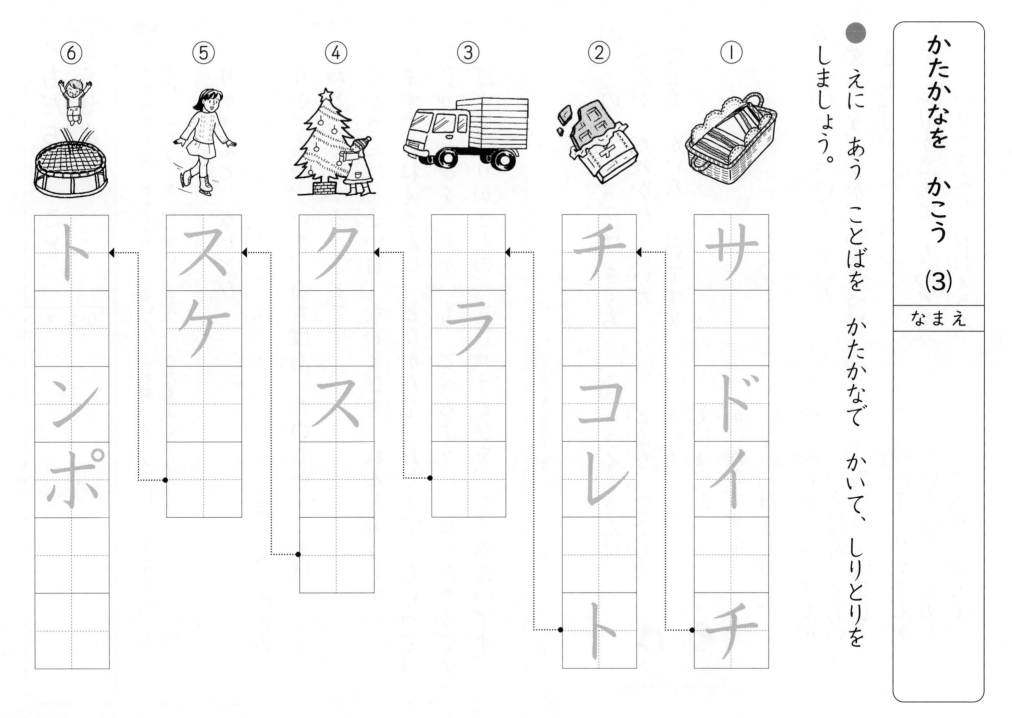

ともだちの こと、しらせよう

なまえ

きくちさんは、ともだちに きいた ことを 文《ぶん》しょうに かきました。つぎの 文《ぶん》しょうを 二《に》かい よんで、こたえましょう。

りかさんと なわとび

きくち たくや

りかさんが、いま、いちばん たのしい ことは、なわとびを する ことです。

りかさんは、まい日《にち》、なわとびを れんしゅうして います。おねえさんに、とびかたを おしえて もらって、二《に》じゅうとびを、五《ご》かいも とべるように なったそうです。

ぼくも、りかさんの 二《に》じゅうとびを、見《み》てみたいです。

（令和二年度版 光村図書 国語一下 ともだち「ともだちの こと、しらせよう」による）

(1) この 文《ぶん》しょうは、きくちさんが だれから きいた ことを かいた ものですか。

(2) なにに ついて かいた 文《ぶん》しょうですか。○を つけましょう。

（ ）りかさんと なわとび。

（ ）りかさんと おねえさん。

(3) きくちさんは、どんな はなしを きいて、この 文《ぶん》しょうを かいたのですか。○を つけましょう。

（ ）いま、りかさんが、いちばん きらいな ことの はなし。

（ ）いま、りかさんが、いちばん たのしい ことの はなし。

おかゆの　おなべ　(1)

なまえ

つぎの　文《ぶん》しょうを　二《に》かい　よんで、こたえましょう。

1

〔森《もり》で　であった　おばあさんは、おなべを　くれました。それは、じゅもんで　おかゆが　どんどん　出《で》て　くる　おなべでした。〕

こんな　ふうに　して、女《おんな》の子《こ》と　おかあさんは、たべものに　こまる　ことが　なく　なりました。

2

なにしろ、おなかが　すいたら　おなべに　むかって、「なべさん、なべさん。にて　おくれ。」と、いいさえ　すれば　いいのですから。

（令和二年度版　光村図書　国語一下　ともだち　さいとう　ひろし）

1　女《おんな》の子《こ》と　おかあさんは、どんな　ことが　なく　なりましたか。○を　つけましょう。

（　）たべものを　おなか　いっぱい　たべる　こと。

（　）たべものが　なくて　こまる　こと。

2　おなかが　すいた　ときの　ことに　ついて　こたえましょう。

(1)　なにに　むかって ことばを いえば　いいのですか。

(2)　なんと　いいさえすれば　いいのですか。

＿＿さん、＿＿さん、＿＿。

おかゆの　おなべ　(2)

なまえ

つぎの　文《ぶん》しょうを　二《に》かい　よんで、こたえましょう。

1

ある　日《ひ》、女《おんな》の子《こ》が　町《まち》の　そとに　出《で》かけた　とき、おかあさんは　おなかが　すいたので、おなべに　むかって　いいました。

「なべさん、なべさん。にて　おくれ。」

2

おなべは、ぐらぐらと　にえたち、おかゆが　うんじゃら　うんじゃら、出《で》て　きました。

（令和二年度版　光村図書　国語一下　ともだち　さいとう　ひろし）

1

(1) どんな　ときの　こと　ですか。○を　つけましょう。

（　）女《おんな》の子《こ》が　いえに　いる　とき。

（　）女《おんな》の子《こ》が　町《まち》の　そとに　出《で》かけた　とき。

(2) おなべに　むかって　ことばを　いったのは、だれですか。

2

(1) おなべは　どんな　ようすで　にえたちましたか。

(2) 「うんじゃら　うんじゃら」とは、なにが　どうなる　ようすですか。○を　つけましょう。

（　）おなべが　にえたつ　ようす。

（　）おかゆが　出《で》て　くる　ようす。

おかゆの　おなべ　(3)

なまえ

つぎの　文《ぶん》しょうを　二《に》かい　よんで、こたえましょう。

1

おかあさんは　おかゆを
たくさん　たべ、おなかが
いっぱいに　なりました。
　けれども、おかあさんは、
おなべを　とめようと
して、はっと
しました。

2

いつも、おなべに　むかって
じゅもんを　いうのは、
女《おんな》の子《こ》の　やくめだった
ので、おかあさんは、
とめる　ときの
じゅもんを　よく
しらなかったのです。

（令和二年度版　光村図書　国語一下　ともだち　さいとう　ひろし）

1

(1) おかあさんは、おかゆを
どれぐらい　たべましたか。

(2) おかあさんが　おなべを
とめようと　したのは　なぜ
ですか。○を　つけましょう。

（　）おなかが　いっぱいに
なったから。

（　）おなかが　いたく
なったから。

2

おかあさんが　おなべを
とめる　ときの　じゅもんを
よく　しらなかったのは、なぜ
ですか。

いつも、おなべに　むかって
（　　　　）を
いうのは、
（　　　　）の
やくめだったから。

おかゆの　おなべ　(4)

なまえ

つぎの　文《ぶん》しょうを　二《に》かい　よんで、こたえましょう。

1

そこで、おかあさんは、
「なべさん、なべさん。
やめとくれ。」
と、いって　みました。
もちろん、なべは
とまりません。

2

つぎに、おかあさんは、
「なべさん、なべさん。
おわりだよ。」
と、いって　みました。
　ⓐ　なべは
とまりません。

（令和二年度版　光村図書　国語一下　ともだち　さいとう　ひろし）

1

(1) おかあさんは、なんと
いって　みましたか。

なべさん、なべさん。
（　　　　　　）。

(2) なべは　どう　なりましたか。
○を　つけましょう。

（　）とまった。
（　）とまらなかった。

2

(1) つぎに、おかあさんは、
なんと　いって　みましたか。

なべさん、なべさん。
（　　　　　　）。

(2) ⓐ に　あてはまる
ことば　一《ひと》つに　○を
つけましょう。

（　）やっぱり
（　）こんどは
（　）だから

おかゆの おなべ (5)

なまえ

つぎの 文《ぶん》しょうを 二《に》かい よんで、こたえましょう。

1

その ほか、
おかあさんは、
おもいつく ままに、
いろいろ じゅもんらしい
ことを いって みました。

2

[あ]、どれも
まちがいだったので、
おなべは、おかゆを
にるのを やめません
でした。

（令和二年度版 光村図書 国語一下 ともだち さいとう ひろし）

1 おかあさんは、じゅもんらしい ことを どれぐらい いって みましたか。一《ひと》つに ○を つけましょう。

（　）一《いち》どだけ。
（　）いろいろ いって みた。
（　）一《いち》ども いわなかった。

2
(1) [あ] に あてはまる ことばに ○を つけましょう。

（　）すると
（　）けれども

(2) おなべが おかゆを にるのを やめなかったのは、なぜですか。

どれも おかあさんが いった じゅもんらしい ことばが、
（　　　　　）
だったから。

おかゆの おなべ (6)

なまえ

つぎの 文《ぶん》しょうを 二《に》かい よんで、こたえましょう。

1

ぐらぐら、ぐらぐら。
うんじゃら、うんじゃら。
おなべから、おかゆが
どんどん 出《で》て きます。
やがて、うち中《じゅう》 おかゆ
だらけに なりました。
それでも、おなべは
とまりません。

2

ぐらぐら、ぐらぐら。
うんじゃら、うんじゃら。
おかゆは、みちに
あふれ出《で》ました。
［あ］、おなべは
とまりません。

（令和二年度版 光村図書 国語一下 ともだち さいとう ひろし）

1 おなべが にえて、おかゆが どんどん 出《で》て くる ようすを あらわした ことばを 文《ぶん》の 中《なか》から 見《み》つけて かきましょう。

ぐらぐら、ぐらぐら。
（　　　　）、
（　　　　）。

2 (1) おかゆは うちの 中《なか》から どこに あふれ出《で》ましたか。

(2) ［あ］に あてはまる ことば 一《ひと》つに ○を つけましょう。

（　）とうとう
（　）それでも
（　）だから

ものの　名《な》まえ　(1)

なまえ

つぎの　文《ぶん》しょうを　二《に》かい　よんで、こたえましょう。

1

ものには、一《ひと》つ一《ひと》つに
名《な》まえが　ついて　います。
りんご、みかん、
バナナなどは、
一《ひと》つ一《ひと》つの　名《な》まえです。

2

一《ひと》つ一《ひと》つの　ものを、
まとめて　つけた
名《な》まえも　あります。
りんご、みかん、バナナ
などを　まとめて　つけた
名《な》まえは、**くだもの**です。

（令和二年度版　光村図書　国語一下　ともだち「ものの　名まえ」による）

1

(1)　ものには、一《ひと》つ一《ひと》つに
なにが　ついて　いますか。

(2)　「りんご、みかん、バナナ」
などは、つぎの　二《ふた》つの
うち、どちらの　名《な》まえ
ですか。○を　つけましょう。
（　）一《ひと》つ一《ひと》つの　名《な》まえ。
（　）まとめて　つけた
名《な》まえ。

2

「くだもの」と　いう
ことばは、どんな　名《な》まえと
いえますか。

（　　　　　　　　）
つけた　名《な》まえ。

ものの 名《な》まえ (2)

なまえ

つぎの 文《ぶん》しょうを 二《に》かい よんで、こたえましょう。

1

さかなも、まとめて つけた 名《な》まえです。

2

一《ひと》つ一《ひと》つを わけて いう ときには、あじ、さば、たいなどと、一《ひと》つ一《ひと》つの 名《な》まえを つかいます。

（令和二年度版 光村図書 国語一下 ともだち 「ものの 名まえ」による）

1 「さかな」は、どんな 名《な》まえですか。○を つけましょう。

（　）一《ひと》つ一《ひと》つの 名《な》まえ。

（　）まとめて つけた 名《な》まえ。

2 (1) 「さかな」の 一《ひと》つ一《ひと》つの 名《な》まえを 文《ぶん》の 中《なか》から 三《みっ》つ 見《み》つけて かきましょう。

(2) 一《ひと》つ一《ひと》つの 名《な》まえを つかうのは、どんな ときですか。

（　　　　）一《ひと》つ一《ひと》つの ものを いう とき。

全文読解《ぜんぶんどっかい》

ものの 名《な》まえ (3)

なまえ

きょうかしょの「ものの 名《な》まえ」を よんで、こたえましょう。

(1) この 文《ぶん》しょうは、なにに ついて かいて ありますか。一《ひと》つに ○を つけましょう。

あ（　）かいものの しかた。
い（　）ものの 名《な》まえ。
う（　）いろいろな たべもの。

(2) つぎの ものを まとめて つけた 名《な》まえは なんですか。下《した》から えらんで ――せんで むすびましょう。

① きりん・パンダ　うさぎ・ライオン　・

② ピアノ・たいこ　すず・もっきん　・

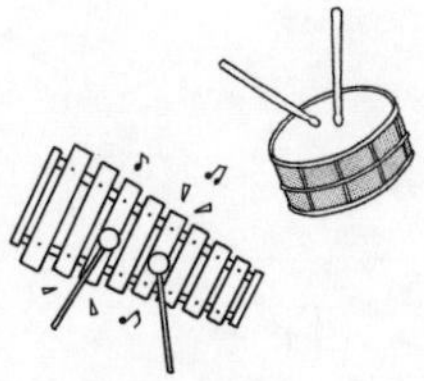

③ トラック・ふね　ひこうき・でん車《しゃ》　・

・のりもの
・どうぶつ
・がっき

わらしべちょうじゃ（1）

なまえ

つぎの 文《ぶん》しょうを 二《に》かい よんで、こたえましょう。

1

むかしむかし、
ある ところに、
ひとりの 男《おとこ》が いました。
ある 日《ひ》、男《おとこ》は ゆめの
中《なか》で こんな 声《こえ》を
聞《き》きました。

2

「さいしょに さわった
ものを、手《て》から
はなさないように
しなさい。きっと、
いい ことが
ありますよ。」

（令和二年度版 光村図書 国語一下 ともだち はちかい みみ）

おはなしを よんで もらってから こたえましょう。

1

(1) 「わらしべちょうじゃ」は、どんな おはなしですか。○を つけましょう。

（　）いまの おはなし。
（　）むかしばなし。

(2) ある 日《ひ》、男《おとこ》が 声《こえ》を 聞《き》いたのは、どんな ときでしたか。○を つけましょう。

（　）あるいて いる とき。
（　）ねて いる とき。

2

どんな ものを 手《て》から はなさないように しなさいと、男《おとこ》は 聞《き》きましたか。

（　　　　）に
（　　　　）もの。

わらしべちょうじゃ (2)

なまえ

きょうかしょの 「わらしべちょうじゃ」を よんで もらって、こたえましょう。

● ①～⑤は、おはなしの じゅんに なって います。（ ）に あてはまる ことばを □ から えらんで かきましょう。

	男《おとこ》が であった もの・人《ひと》	男《おとこ》が した こと。
① 	・わらしべ ・あぶ	一本《いっぽん》の（わらしべ）を つかんで、あぶを むすびつけた。
② 	男《おとこ》の子《こ》と その ははおや	わらしべを あげて、（　　）を もらった。
③ 	女《おんな》の人《ひと》	みかんを あげて （　　）を もらった。
④ 	うまと その もちぬし	ぬのを あげて （　　）を もらった。
⑤ 	大《おお》きな やしきの しゅじん	うまを あげて （　　）を もらった。

・わらしべ ・ぬの ・やしき
・うま ・みかん

すごいね。それで、人《ひと》びとは、この 男《おとこ》の ことを、わらしべちょうじゃと よぶように なったんだね。

日《ひ》づけと よう日《び》 (1)

(日《ひ》づけ)

なまえ

● ——せんの 日《ひ》づけの よみかたを かきましょう。

① 一月《いちがつ》 一日 （ついたち）

② 二月《にがつ》 二日 （ふつか）

③ 三月《さんがつ》 三日 （　）

④ 四月《しがつ》 四日 （　）

⑤ 五月《ごがつ》 五日 （　）

⑥ 六月《ろくがつ》 六日 （　）

⑦ 七月《しちがつ》 七日 （　）

⑧ 八月《はちがつ》 八日 （　）

⑨ 九月《くがつ》 九日 （　）

⑩ 十月《じゅうがつ》 十日 （　）

⑪ 十一月《じゅういちがつ》 十一日 （　）

⑫ 十二月《じゅうにがつ》 二十日 （はつか）

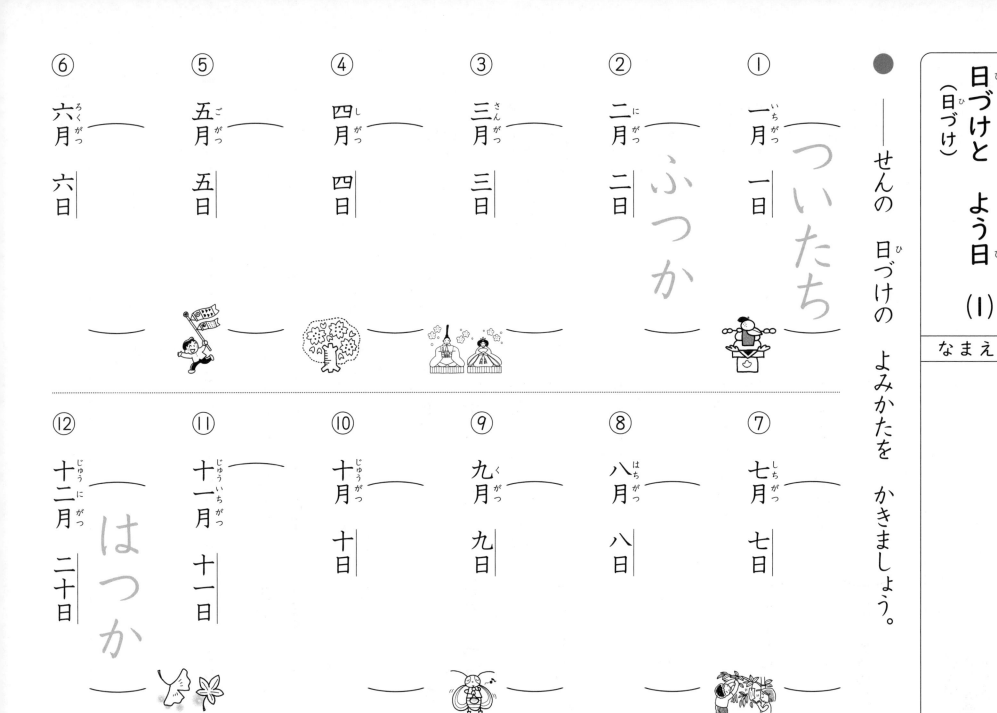

日《ひ》づけと　よう日《び》 (2)

(よう日《び》)

なまえ

● 日《にち》よう日《び》から　じゅんばんに、□に　よう日《び》を　かん字《じ》で　かきましょう。また（　）に　よみかたを　かきましょう。

① □よう日《び》　（にち）ようび

② □よう日《び》　（　　）ようび

③ □よう日《び》　（　　）ようび

④ □よう日《び》　（　　）ようび

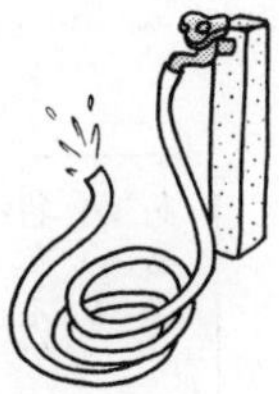

⑤ □よう日《び》　（　　）ようび

⑥ □よう日《び》　（　　）ようび

⑦ □よう日《び》　（　　）ようび

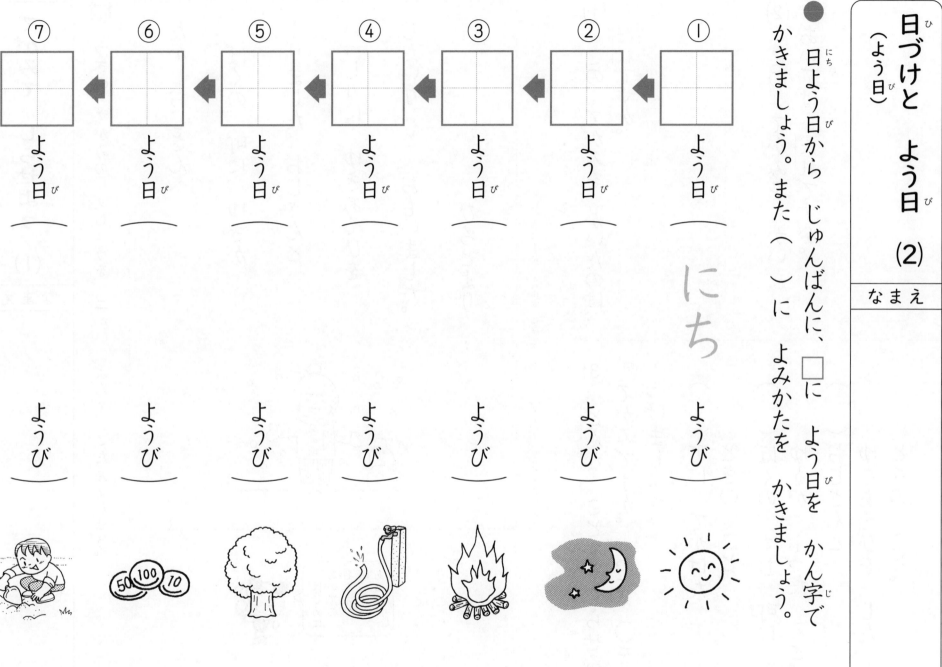

てがみで しらせよう (1)

なまえ

つぎの てがみの 文《ぶん》しょうを 二《に》かい よんで、こたえましょう。

たかしおじさんへ
ぼくの 町《まち》に、ゆきが
ふりました。おじさんと
いっしょに ゆきあそびを
したいな、と おもいました。
ひろとより

（令和二年度版 光村図書 国語一下 ともだち「てがみで しらせよう」による）

(1) この てがみを かいたのは、だれですか。

(2) この てがみを かいた あいては だれですか。

(3) どんな ことを しらせる てがみですか。一《ひと》つに ○を つけましょう。

(　)町《まち》に でかけた ときの こと。

(　)ぼくの すむ 町《まち》に ゆきが ふった こと。

(　)おじさんと ゆきあそびを した ときの こと。

てがみで　しらせよう　(2)

なまえ

つぎの　てがみの　文《ぶん》しょうを　二《に》かい　よんで、こたえましょう。

さかもとせんせい、おげんきですか。
わたしは、おんがくの　じかんに、うたを
たくさん　おぼえました。さかもとせんせいも、
しって　いる　うただと　おもいます。
こんど、ようちえんに　あそびに　いきます。
その　ときに　うたうので、きいて　ください。
ほんだ　ともみ

（令和二年度版　光村図書　国語一下　ともだち「てがみで　しらせよう」による）

(1) この　てがみを　かいたのは、だれですか。

(2) この　てがみを　かいた　あいては　だれですか。

(3) どんな　ことを　しらせる　てがみですか。一《ひと》つに　○を　つけましょう。

（　）さかもとせんせいが　げんきな　こと。

（　）うたを　うたうのが　たのしかった　こと。

（　）こんど　あそびに　いくときに、うたを　きいて　ほしいと　いう　こと。

つづけよう③　こえに　出《だ》して　よもう

かたつむりの　ゆめ

なまえ

つぎの　しを　二《に》かい　よんで、こたえましょう。

かたつむりの　ゆめ

かたつむり　でんきち

あのね　㋐ぼく
ゆめの　なかでは　ね
ひかりの　ように　はやく
はしるんだよ

（令和二年度版　光村図書　国語一下　ともだち「のはらうた」くどう　なおこ）

(1) しの　だいめいは　なん　ですか。一《ひと》つに　○を　つけましょう。

（　）かたつむりの　ゆめ
（　）かたつむり　でんきち
（　）はしるんだよ

(2) ㋐ぼくとは、だれの　こと　ですか。名《な》まえを　かき　ましょう。

(3) ㋐ぼくは、ゆめの　なかで　どのように　はしりますか。

（　　）の
ように（　　）
はしる。

つづけよう③ こえに 出《だ》して よもう

はちみつの ゆめ

なまえ

つぎの しを 二《に》かい よんで、こたえましょう。

はちみつの ゆめ

こぐま きょうこ

とうみんしてる とき
㋐わたしは しんしん
ゆめを みる
はちみつ いりの つぼ
だいて
あまい おかしを
つくる ゆめ

（令和二年度版 光村図書 国語一下 ともだち 「のはらうた」 くどう なおこ）

(1) ㋐わたしとは、だれの ことですか。名《な》まえを かきましょう。

(2) ㋐わたしは、いつ ゆめを みますか。一《ひと》つに ○を つけましょう。

（　）とうみんしてる とき。
（　）はちみつ いりの つぼを だいて いる とき。
（　）おかしが たべたい とき。

(3) ゆめの なかで なにを つくりますか。

ききたいな、ともだちの はなし

なまえ

すきな おはなしに ついて ともだちが はなしを して います。
つぎの 文《ぶん》しょうを 二《に》かい よんで、もんだいに こたえましょう。

ぼくが すきな おはなしは、
「おかゆの おなべ」です。
女《おんな》の子《こ》と おかあさんが 出《で》て きます。
町《まち》の 中《なか》が おかゆだらけに なる ところが
おもしろくて、すきです。

(1) 「ぼく」が、すきな おはなしは、なんですか。

(2) 「ぼく」は、おはなしの どんな ところが おもしろいと いって いますか。○を つけましょう。

（ ）女《おんな》の子《こ》と おかあさんが 出《で》て くる ところ。

（ ）町《まち》の 中《なか》が おかゆだらけに なる ところ。

(3) 「ぼく」の はなしを きいて、町《まち》の 中《なか》が おかゆだらけに なった わけを きく ことに しました。どのように きくと いいですか。一《ひと》つに ○を つけましょう。

（ ）どんな ところが おもしろいですか。

（ ）どうして 町《まち》の 中《なか》が おかゆだらけに なったのですか。

（ ）どこが おかゆだらけに なったのですか。

たのしいな、ことばあそび (1)

なまえ

● 一字《いちじ》 ふやして、ことばを へんしんさせます。〈れい〉の ように、一字《いちじ》 ふやして できる ことばを かきましょう。

〈れい〉 いか の 上《うえ》に す を ふやして すいか

① さい の 上《うえ》に や を ふやして □さい

② くま の あいだに る を ふやして く□ま

③ たい の 下《した》に こ を ふやして たい□

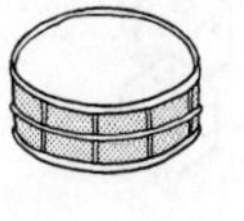

④ たき の あいだに ぬ を ふやして □□□

⑤ いか の あいだに る を ふやして □□□

⑥ うし の 上《うえ》に ぼ を ふやして □□□

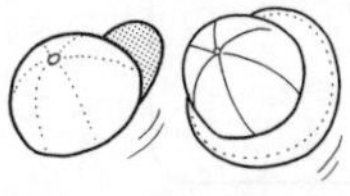

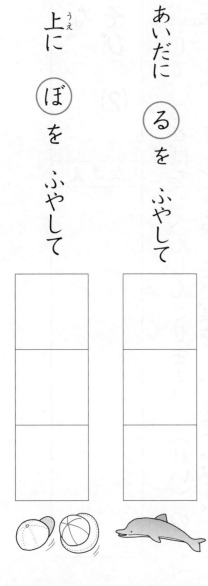

たのしいな、ことばあそび (2)

なまえ

(1) 二字《にじ》 ふやして、ことばを へんしんさせます。〈れい〉の ように、二字《にじ》 ふやして できる ことばを かきましょう。

〈れい〉 たい の 下《した》に いく の 二字《にじ》を ふやして

たいいく

① さい の 下《した》に ころ の 二字《にじ》を ふやして

さい

② たけ の 上《うえ》に しい の 二字《にじ》を ふやして

たけ

③ たけ の 下《した》に のこ の 二字《にじ》を ふやして

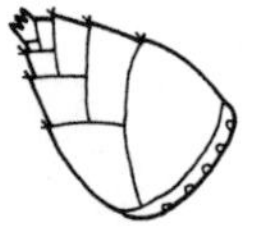

(2) 「ご」を つけて、ことばを へんしんさせます。〈れい〉の ように、「ご」を つけて できる ことばを かきましょう。

〈れい〉 まと → まど

① かき →

② くし →

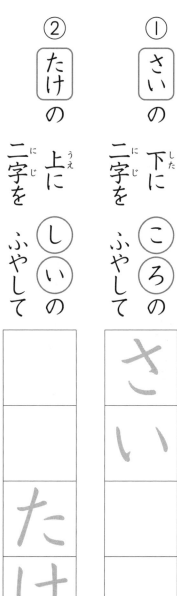

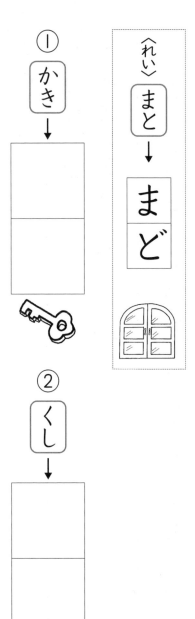

たぬきの 糸車《いとぐるま》 (1)

なまえ

つぎの 文《ぶん》しょうを 二《に》かい よんで、こたえましょう。

1

むかし、ある 山《やま》おくに、
きこりの ふうふが
すんで
いました。

※きこり……山《やま》や 林《はやし》で 木《き》を きり出《だ》す ことを しごとに して いる 人《ひと》。

2

山《やま》おくの 一《いっ》けんや
なので、まいばんのように
たぬきが やって きて、
いたずらを しました。
そこで、きこりは
わなを
しかけました。

※わな……とりや けものを おびきよせて、とらえる しかけ。

（令和二年度版 光村図書 国語一下 ともだち きし なみ）

1

(1) いつの おはなしですか。

（　　　　）。

(2) ある 山《やま》おくに、だれが すんで いましたか。

（　　　　）の ふうふ。

2

(1) まいばんの ように やって きた たぬきは、なにを しましたか。

（　　　　）

(2) きこりは、なにを しかけましたか。一《ひと》つに ○を つけましょう。

（　）糸車《いとぐるま》
（　）いたずら
（　）わな

たぬきの 糸車《いとぐるま》 (2)

なまえ

つぎの 文《ぶん》しょうを 二《に》かい よんで、こたえましょう。

1

ある 月《つき》の きれいな
ばんの こと、
おかみさんは、
糸車《いとぐるま》を
まわして、糸《いと》を
つむいで いました。
キーカラカラ キーカラカラ
キークルクル キークルクル

2

ふと 気《き》が つくと、
やぶれしょうじの
あなから、二《ふた》つの
くりくりした 目玉《めだま》が、
Ⓐこちらを
のぞいて
いました。

（令和二年度版 光村図書 国語一下 ともだち きし なみ）

1

(1) いつの ことですか。
〇を つけましょう。

（　）まいばんの こと。

（　）ある 月《つき》の きれいな ばんの こと。

(2) おかみさんは、なにを まわして いましたか。

2

(1) やぶれしょうじの あなから なにが のぞいて いましたか。

二《ふた》つの（　　　）した（　　　）。

(2) Ⓐこちらとは、どちらの ことですか。〇を つけましょう。

（　）糸車《いとぐるま》を まわす おかみさんの ほう。

（　）月《つき》が 見《み》える そとの ほう。

たぬきの 糸車《いとぐるま》 (3)

なまえ

つぎの 文《ぶん》しょうを 二《に》かい よんで、こたえましょう。

1

糸車《いとぐるま》が キークルクルと まわるに つれて、二《ふた》つの 目玉《めだま》も、くるりくるりと まわりました。

2

そして、月《つき》の あかるい しょうじに、糸車《いとぐるま》を まわす まねを する たぬきの ㋐かげが うつりました。

（令和二年度版 光村図書 国語一下 ともだち きし なみ）

1

(1) 糸車《いとぐるま》は どんな ようすで まわりますか。

(2) 二《ふた》つの 目玉《めだま》は どんな ようすで まわりますか。

2

しょうじに うつった ㋐かげに ついて こたえましょう。

(1) だれの かげですか。

(2) どんな かげですか。一《ひと》つに ○を つけましょう。

（ ）月《つき》を 見《み》る かげ。

（ ）糸車《いとぐるま》を まわす まねを する かげ。

（ ）目玉《めだま》を まわす かげ。

たぬきの 糸車《いとぐるま》 ⑷

なまえ

つぎの 文《ぶん》しょうを 二《に》かい よんで こたえましょう。

1

おかみさんは、おもわず ㋐ふき出《だ》しそうに なりましたが、だまって 糸車《いとぐるま》を まわして いました。

2

それからと いう もの、たぬきは、まいばん まいばん やって きて、糸車《いとぐるま》を まわす まねを くりかえしました。

「いたずらもんだが、かわいいな。」

（令和二年度版 光村図書 国語一下 ともだち きし なみ）

1

(1) ㋐ふき出《だ》しそうと おなじ ことを あらわす ことばに ○を つけましょう。

（　）わらって しまいそう。

（　）おこって しまいそう。

(2) おかみさんは どう しましたか。○を つけましょう。

（　）わらって しまった。

（　）だまって 糸車《いとぐるま》を まわして いた。

2

(1) たぬきは、まいばん、どんな ことを くりかえしましたか。

糸車《いとぐるま》を まわす （　　　　）。

(2) おかみさんは、たぬきの ことを どう おもい ましたか。文《ぶん》の 中《なか》の ことばを かきましょう。

□□□□な。

たぬきの 糸車《いとぐるま》 (5)

なまえ

つぎの 文《ぶん》しょうを 二《に》かい よんで、こたえましょう。

1

ある ばん、
こやの うらで、
キャーッと いう
さけびごえが しました。

2

おかみさんが
こわごわ いって みると、
いつもの たぬきが、
わなに かかって
いました。

（令和二年度版　光村図書　国語一下　ともだち　きし　なみ）

1

(1) さけびごえが したのは、どこですか。

(2) 「キャーッ」と いう こえは、どんな こえでしたか。○を つけましょう。

（　）ささやく こえ。

（　）さけぶ こえ。

2

(1) おかみさんは、どんな ようすで いって みましたか。

□□□□ いって みた。

(2) おかみさんが 見《み》た ものは、なんでしたか。一《ひと》つに ○を つけましょう。

（　）あそんで いる たぬき。

（　）わなに かかった たぬき。

（　）糸車《いとぐるま》を まわす たぬき。

たぬきの 糸車《いとぐるま》 (6)

なまえ

つぎの 文《ぶん》しょうを 二《に》かい よんで、こたえましょう。

1

〔おかみさんが いって みると、たぬきが わなに かかって いました。〕

「かわいそうに。
わなに なんか
かかるんじゃ ないよ。
たぬきじるに されて
しまうで。」

2

おかみさんは、
そう いって、
たぬきを にがして
やりました。

（令和二年度版 光村図書 国語一下 ともだち きし なみ）

1

(1) おかみさんは、わなに かかった たぬきの ことを どう おもいましたか。○を つけましょう。

（　）かわいい。

（　）かわいそうだ。

(2) わなに かかった たぬきは、どう なって しまうと いうのですか。

（　　　　　）に されて しまう。

2

おかみさんは、わなに かかった たぬきを どう しましたか。一《ひと》つに ○を つけましょう。

（　）たぬきじるに した。

（　）にがして やった。

（　）いえで かわいがった。

かたかなの かたち (1)

なまえ

(1) つぎの ひらがなを、かたかなに なおして かきましょう。

① か

② も

③ せ

④ き

(2) つぎの ひらがなを、かたちに きを つけて、かたかなに なおして かきましょう。

① あ ま

② そ ん

③ つ し

(3) えに あう ことばを かたかなで かきましょう。

①

シー

②

ネ

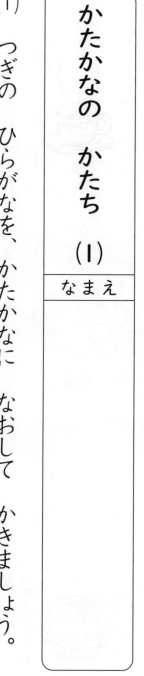

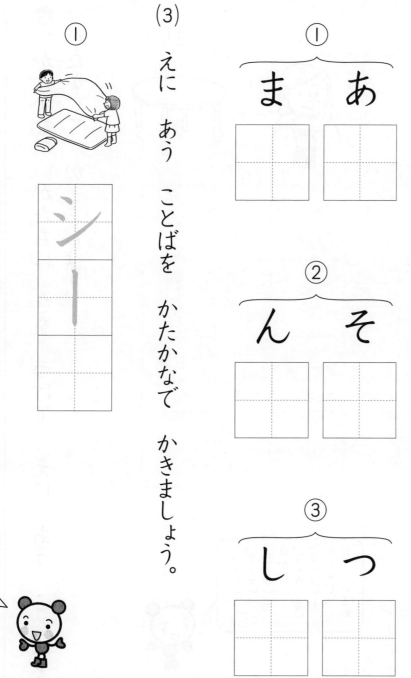

かたかなの かたち (2)

なまえ

● かたかなの かたちに きを つけて、えに あう ことばを かたかなで かきましょう。

① 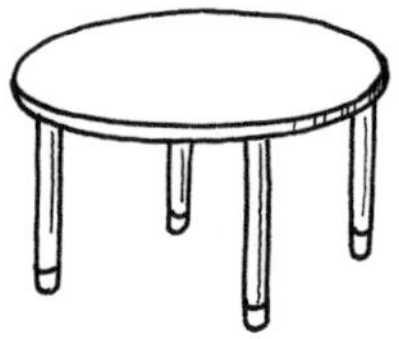

テ ー ブ □

② 

マ □ ラ □

③ 

シ □ ワ □

④ 

ミ □ □

⑤ 

オ □ ガ □

⑥ 

コ □ ヒ □

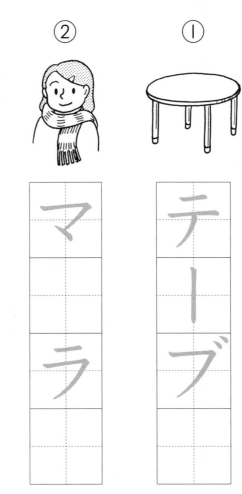

「ソ・ン」「ア・マ」「シ・ツ」の ほかに、「フ・ワ・ラ」「コ・ユ」も かたちが にて いるね。

アイロン

マラソン

シュークリーム

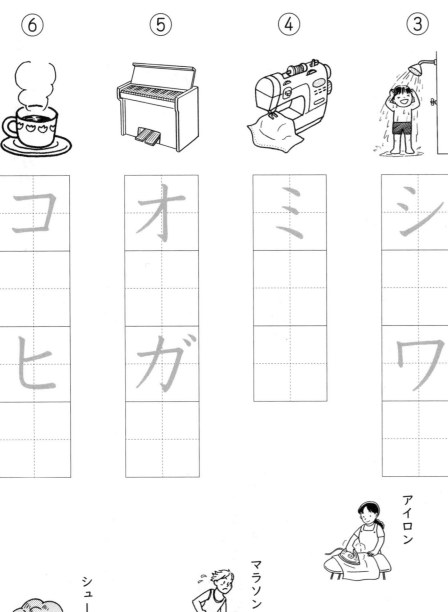

かたかなの　かたち　(3)

なまえ

(1) かたかなの　かきかたが　正《ただ》しい　ほうに　○を　つけましょう。

① （　）ボールペン
（　）ボールペソ

② （　）マイロン
（　）アイロン

③ （　）ツーシ
（　）シーツ

④ （　）マラソン
（　）マランソ

(2) 名《な》まえの　カードに、まちがいが　一字《いち》《じ》ずつ　あります。
正《ただ》しく　かきなおしましょう。

① 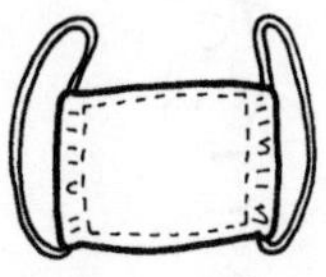

アスク

マスク

② 

シャシ

③ 

シーンー

④ 

ペソギン

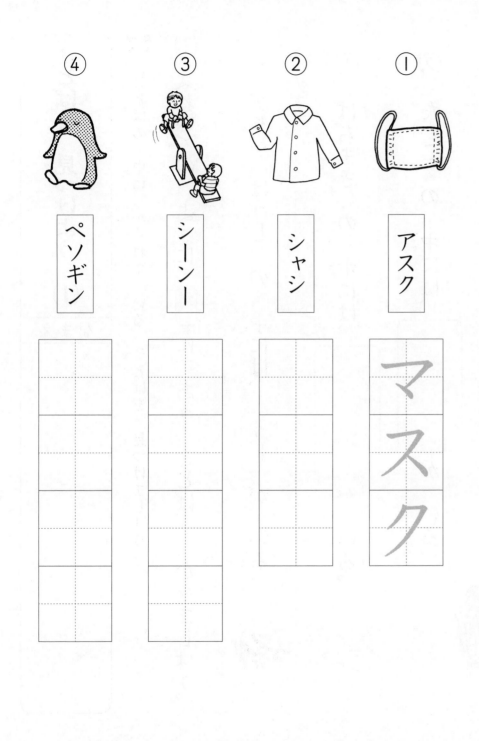

ことばを 見《み》つけよう (1)

なまえ

ことばの 中《なか》に かくれて いる ことばを 見《み》つけましょう。

(1) 〈れい〉の ように、□に あう ことばを かきましょう。

〈れい〉 ぼうし の 中《なか》には、[うし] が いる。

① はちまき の 中《なか》には、□ が いる。

② たいこ の 中《なか》には、□ が いる。

③ わかめ の 中《なか》には、□ が いる。

(2) 〈れい〉の ように、□に あう ことばを かきましょう。

〈れい〉 ぼうし の 中《なか》には、[ぼう] が ある。

① すいとう の 中《なか》には、□ が ある。

② きつつき の 中《なか》には、□ が ある。

③ ダンボール の 中《なか》には、□ が ある。

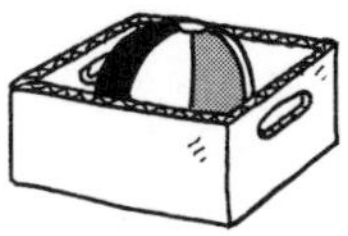

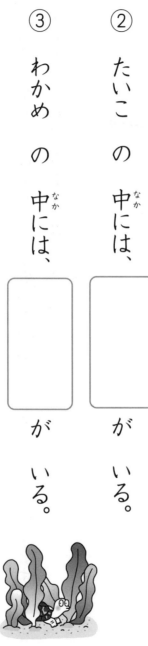

ことばを 見《み》つけよう (2)

なまえ

(1) 上《うえ》と 下《した》の ことばが つながるように ――せんで むすびましょう。

① いわしの 中《なか》には、いわが ・　　・ いる。
いわしの 中《なか》には、わしが ・　　・ ある。

② クリスマスの 中《なか》には、リスが ・　　・ いる。
クリスマスの 中《なか》には、クリが ・　　・ ある

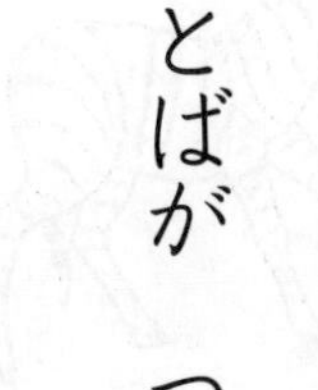

『ぼうしの 中《なか》には、うしが いる。』、『ぼうしの 中《なか》には、ぼうが ある。』の ように、いきものの ときは、「○○が いる。」 ものの ときは、「○○が ある。」と なります。

(2) □に あてはまるのは、「いる」ですか。「ある」ですか。「いる」か 「ある」か、どちらかを かきましょう。

① みかん の 中《なか》には、かんが □。

② れいぞうこ の 中《なか》には、ぞうが □。

③ パンダ の 中《なか》には、パンが □。

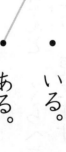

どうぶつの　赤《あか》ちゃん　(1)

なまえ

つぎの　文《ぶん》しょうを　二《に》かい　よんで、こたえましょう。

1

しまうまの　赤《あか》ちゃんは、生《う》まれた　ときに、もう　やぎぐらいの　大《おお》きさが　あります。

2

目《め》は　あいて　いて、耳《みみ》も　ぴんと　立《た》って　います。しまの　もようも　ついて　いて、おかあさんに　そっくりです。

1

(1)　なにの　赤《あか》ちゃんが　生《う》まれた　ときの　ようすを　かいた　文《ぶん》しょうですか。

(2)　赤《あか》ちゃんは、どれぐらいの　大《おお》きさですか。

（　　　　）ぐらい。

2

(1)　目《め》や　耳《みみ》は、どんな　ようすですか。○を　つけましょう。

（　）目《め》は　あいて　いるが、耳《みみ》は　とじて　いる。

（　）目《め》は　あいて　いて、耳《みみ》は　立《た》って　いる。

(2)　おかあさんと　くらべて　みると、どう　見《み》えますか。文《ぶん》の　中《なか》の　ことばを　かきましょう。

（令和二年度版　光村図書　国語一下　ともだち　ますい　みつこ）

どうぶつの 赤《あか》ちゃん (2)

なまえ

つぎの 文《ぶん》しょうを 二《に》かい よんで、こたえましょう。

1

しまうまの 赤《あか》ちゃんは、生《う》まれて 三十《さんじっ》ぷんも たたない うちに、じぶんで 立《た》ち上《あ》がります。そして、つぎの 日《ひ》には、はしるように なります。

2

だから、つよい どうぶつに おそわれても、おかあさんや なかまと いっしょに にげる ことが できるのです。

（令和二年度版　光村図書　国語一下　ともだち　ますい　みつこ）

1

(1) しまうまの 赤《あか》ちゃんが じぶんで 立《た》ち上《あ》がる ことが できるのは、いつですか。○を つけましょう。

（　）生《う》まれて 三十《さんじっ》ぷんも たたない うち。

（　）生《う》まれた つぎの 日《ひ》。

(2) 生《う》まれた つぎの 日《ひ》に なりにが できるように なりますか。

（　　　　）こと。

2

つよい どうぶつに おそわれた とき、しまうまの 赤《あか》ちゃんは、どう する ことが できますか。

おかあさんや なかまと

（　　　　）に

（　　　　）こと。

どうぶつの 赤《あか》ちゃん (3)

なまえ

つぎの 文《ぶん》しょうを 二《に》かい よんで、こたえましょう。

1

しまうまの 赤《あか》ちゃんが、おかあさんの おちちだけ のんで いるのは、たった 七日《なのか》ぐらいの あいだです。

2

その あとは、おちちも のみますが、じぶんで 草《くさ》も たべるように なります。

（令和二年度版 光村図書 国語一下 ともだち ますい みつこ）

1

(1) しまうまの 赤《あか》ちゃんが はじめに のむ ものは、なんですか。○を つけましょう。

（　）おかあさんの おちち。

（　）草《くさ》。

(2) しまうまの 赤《あか》ちゃんが おちちだけ のんで いるのは、どれぐらいの あいだですか。

たった（　　　　）ぐらいの あいだ。

2

七日《なのか》ぐらい すぎた あとの、しまうまの 赤《あか》ちゃんの のむ ものや たべる ものは なんですか。一《ひと》つに ○を つけましょう。

（　）おちちだけ。

（　）草《くさ》だけ。

（　）おちちと 草《くさ》の どちらも。

全文読解《ぜんぶんどっかい》

どうぶつの 赤《あか》ちゃん ⑷

なまえ

きょうかしょの 「どうぶつの 赤《あか》ちゃん」を よんで、こたえましょう。

● ライオンの 赤《あか》ちゃんと しまうまの 赤《あか》ちゃんの 生《う》まれた ときの ようすに ついて くらべました。（ ）に あてはまる ことばを、下《した》の □ から えらんで かきましょう。

	ライオンの 赤《あか》ちゃん 	しまうまの 赤《あか》ちゃん 
大《おお》きさ	（子ねこ）ぐらい。	（ ）ぐらい。
目《め》	（ ）。	（ ）。
耳《みみ》	（ ）。	ぴんと（ ）。
おかあさんと くらべて	あまり（ ）。	（ ）。

大《おお》きさ：・やぎ ・子《こ》ねこ

目《め》：・あいて いる ・とじた まま

耳《みみ》：・とじた まま ・立《た》って いる

おかあさんと くらべて：・そっくり ・にて いない

ライオンの 赤《あか》ちゃんと しまうまの 赤《あか》ちゃんの 大《おお》きく なって いく ようすも くらべて みよう。

どうぶつの　赤《あか》ちゃん　(5)
（もっと　よもう）

なまえ

つぎの　文《ぶん》しょうを　二《に》かい　よんで、こたえましょう。

1

カンガルーの
赤《あか》ちゃんは、
生《う》まれた　ときは、
たいへん　小《ちい》さくて、
一円玉《いちえんだま》ぐらいの
おもさです。

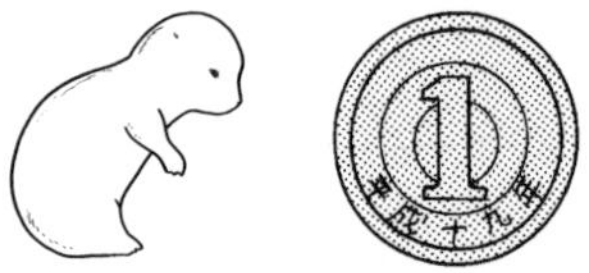

2

目《め》も　耳《みみ》も、
どこに　あるのか、
まだ　よく
わかりません。
はっきり　わかるのは、
口《くち》と　まえあし
だけです。

（令和二年度版　光村図書　国語一下　ともだち　ますい　みつこ）

1

(1) なんと　いう　どうぶつの　赤《あか》ちゃんの　ことが　かいて　ある　文《ぶん》しょうですか。

(2) 赤《あか》ちゃんは、どれぐらいの　おもさですか。

（　　　　）ぐらい。

2

(1) 生《う》まれた　ときに、どこに　あるのか　よく　わからない　ものを　二《ふた》つ　えらんで　○を　つけましょう。

（　）目《め》　（　）耳《みみ》

（　）口《くち》　（　）まえあし

(2) 生《う》まれた　ときに、はっきり　わかる　ものを　二《ふた》つ　かきましょう。

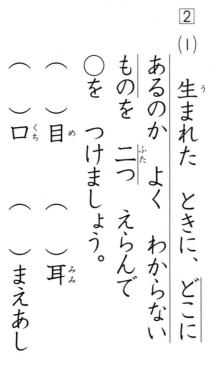

どうぶつの 赤《あか》ちゃん (6)
（もっと よもう）

なまえ

つぎの 文《ぶん》しょうを 二《に》かい よんで、こたえましょう。

1

〔カンガルーの 赤《あか》ちゃんは、生《う》まれた ときは、たいへん 小《ちい》さく、はっきり わかるのは、口《くち》と まえあしだけです。〕

それでも、
この 赤《あか》ちゃんは、
小《ちい》さな まえあしで、
おかあさんの おなかに
はい上《あ》がって いきます。

2

［ あ ］、
じぶんの ちからで、
おなかの ふくろに
入《はい》ります。

1

(1) カンガルーの 赤《あか》ちゃんは、どこに はい上《あ》がって いきますか。

おかあさんの
（　　　　）。

(2) 赤《あか》ちゃんは、なにを つかって はい上《あ》がって いきますか。○を つけましょう。

（　）小《ちい》さな まえあし。
（　）小《ちい》さな おなか。

2

(1) ［あ］に あてはまる ことばに ○を つけましょう。

（　）それでも
（　）そして

(2) 赤《あか》ちゃんは、じぶんの ちからで どこに 入《はい》りますか。

（　　　　）

（令和二年度版 光村図書 国語一下 ともだち ますい みつこ）

これは、なんでしょう

なまえ

きょうかしょの「これは、なんでしょう」を よんで、こたえましょう。

(1) ともだちが つぎの もんだいを 出《だ》しました。こたえを かんがえて かきましょう。

① 人《ひと》の あたまの 上《うえ》に のせます。あつい ときや、さむい ときに つかって、あたまや からだを まもります。
これは、なんでしょう。

② 字《じ》を けすときに つかいます。つかうと、だんだん 小《ちい》さく なります。
これは、なんでしょう。

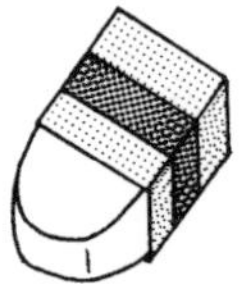

(2) ともだちが つぎの もんだいを 出《だ》しました。こたえを 見《み》つける ために、どんな しつもんを すると よいでしょうか。二《ふた》つ えらんで ○を つけましょう。

> たべものを たべる ときに つかいます。手《て》に もって つかう どうぐです。
> これは、なんでしょう。

（　）どんな たべものを たべる ときに つかいますか。

（　）すきな たべものは なんですか。

（　）きょう、あさごはんは、なんじに たべましたか。

（　）二本《にほん》で 一《ひと》くみの どうぐですか。

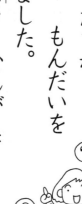

ずうっと、ずっと、大《だい》すきだよ (1)

なまえ

きょうかしょの つぎの 文《ぶん》しょうを 二《に》かい よんで、こたえましょう。

1

「にいさんや いもうとも、…」から

「…ぼくの 犬《いぬ》だったんだ。」まで

2

「エルフと ぼくは、まい日《にち》 いっしょに…」から

「…ほりかえすのが すきだった。」まで

1

(1) にいさんや いもうとは、エルフの ことを どう おもって いましたか。

（　　　　）だった。

(2) エルフは だれの 犬《いぬ》だと、「ぼく」は おもって いましたか。

2

(1) まい日《にち》 いっしょに あそんだ のは、だれと だれですか。

(2) エルフが すきだった ことは、なんですか。二《ふた》つ えらんで ○を つけましょう。

（　）りすを おいかける こと。

（　）ママと あそぶ こと。

（　）花《か》だんを ほりかえす こと。

ずうっと、ずっと、大《だい》すきだよ (2)

なまえ

きょうかしょの つぎの 文《ぶん》しょうを 二《に》かい よんで、こたえましょう。

1

（ときどき、エルフが わるさを すると、…）から

（…エルフの こと、大《だい》すきだった。）まで

2

（すきなら すきと、いって やれば…）から

（…わかると おもって いたんだね。）まで

1

(1) うちの かぞくが すごく おこったのは、どんな ときでしたか。

エルフが（　　　　）を した とき。

(2) エルフの ことを 大《だい》すきだったのは、だれですか。

2

(1) みんなは だれに すきと いって やらなかったのですか。

(2) みんなが だれも すきと いって やらなかったのは、なぜですか。

（　　　　）も、すきと（　　　　）と おもって いたから。

ずうっと、ずっと、大《だい》すきだよ (3)

なまえ

きょうかしょの　つぎの　文《ぶん》しょうを　二《に》かい　よんで、こたえましょう。

1

「いつしか、ときが　たって　いき、…」

から

「…どんどん　ふとって　いった。」

まで

2

「エルフは、年《とし》を　とって、…」

から

「…ぼくは、とても　しんぱいした。」

まで

1

(1) ときが　たって、ぐんぐん　のびたのは、なんですか。

(2) エルフは　どう　なって　いきましたか。

(　　　　) いった。

2

(1) 年《とし》を　とった　エルフは、どう　なりましたか。二《ふた》つに　○を　つけましょう。

(　)ねなく　なった。

(　)ねて　いる　ことが　おおく　なった。

(　)さんぽを　いやがる　ように　なった。

(2) ぼくは　どんな　きもちでしたか。

ずうっと、ずっと、大《だい》すきだよ ⑷

なまえ

きょうかしょの つぎの 文《ぶん》しょうを 二《に》かい よんで、こたえましょう。

1

「ぼくたちは、エルフを じゅういさんに…」

から

「…できる ことは なにも なかった。」

まで

2

「「エルフは、年《とし》を…」

から

「…じゅういさんは、そう いった。」

まで

1

⑴ ぼくたちは、エルフを だれの ところに つれて いきましたか。

⑵ じゅういさんは、エルフを げんきに する ことが できましたか。○を つけましょう。

（　）できた。

（　）できなかった。

2

じゅういさんは、エルフの ことを なんと いいましたか。いった ことばを かきうつしましょう。

「エルフは、

ずうっと、ずっと、大《だい》すきだよ ⑸

なまえ

きょうかしょの　つぎの　文《ぶん》しょうを　二《に》かい　よんで、こたえましょう。

1

「まもなく、エルフは、かいだんも　…」から
「…ねなくちゃ　いけないんだ。」まで

2

「ぼくは、エルフに　やわらかい　…」から
「…エルフは、きっと　わかって　くれたよね。」まで

1　かいだんを　上《のぼ》れなくても、エルフは　どこで　ねなくちゃ　いけないと、ぼくは　おもって　いますか。

2

⑴　ねる　とき、ぼくが　エルフに　やった　ものは　なんですか。○を　つけましょう。

（　）やわらかい　まくら。

（　）大《だい》すきな　ふとん。

⑵　ぼくは、ねる　まえに、かならず　エルフに　なんと　いって　やりましたか。いった　ことばを　かきうつしましょう。

「　　」

にて いる かん字《じ》 (1)

なまえ

(1) つぎの かん字《じ》の かき じゅんが 正《ただ》しい ほうに ○を つけましょう。

① 人
( ) ノ 人
( ) 丶 人

② 入
( ) ＼ 入
( ) ノ 入

③ 右
( ) 一 ナ 右
( ) ノ ナ 右

④ 左
( ) 一 ナ 左
( ) ノ ナ 左

⑤ 上
( ) - ト 上
( ) 丨 ト 上

⑥ 土
( ) 一 十 土
( ) 丨 十 土

(2) ――せんを ひいた かん字《じ》が 正《ただ》しい ほうに ○を つけましょう。

①
( ) たねを 見つける。
( ) たねを 貝つける。

②
( ) 字校《こう》へ いく。
( ) 学校《こう》へ いく。

③
( ) へやに 人る。
( ) へやに 入る。

④
( ) 川《かわ》で 石を ひろう。
( ) 川《かわ》で 右を ひろう。

⑤
( ) にわの 土を ほる。
( ) にわの 上を ほる。

にて いる かん字《じ》 (2)

なまえ

● にて いる かん字《じ》に 気《き》を つけて かきましょう。

① きれいな □《かい》 を □《み》 つける。

② □《むら》 の ちかくに □《はやし》 が ある。

③ □《みぎ》 手《て》で □《いし》 を ひろう。

④ □《ひと》 が へやに □《はい》 って いく。

⑤ にわの □《つち》 を もり □《あ》 げる。

⑥ □《がっ》 校《こう》で かん □《じ》 を かく。

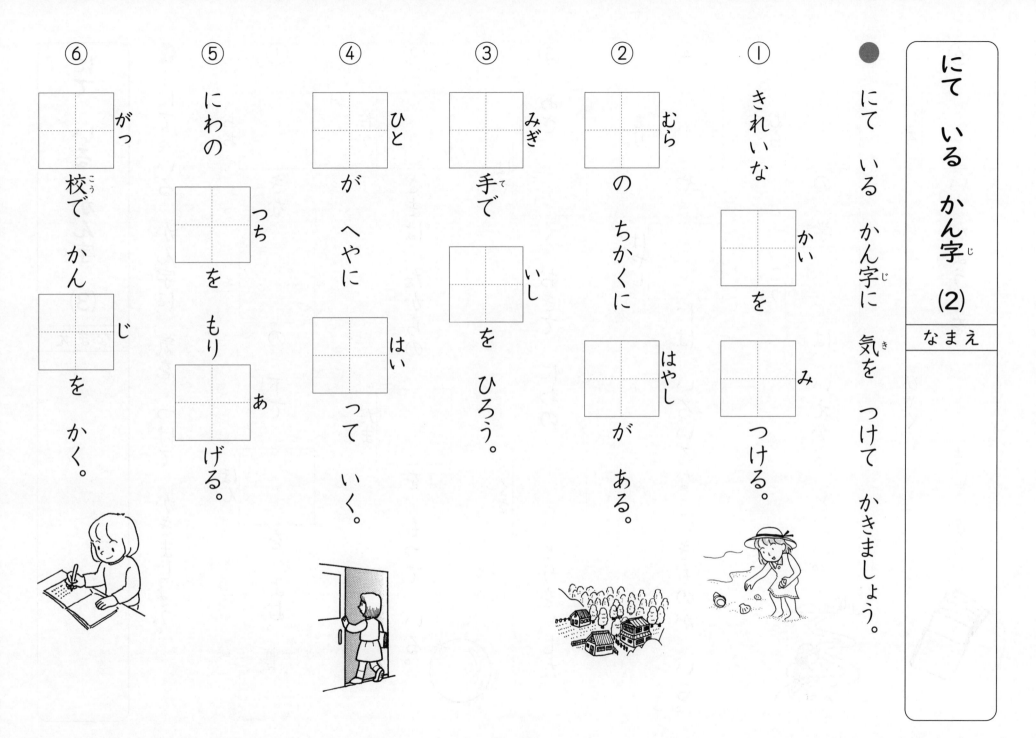

にて いる かん字《じ》 (3)

なまえ

● にて いる かん字《じ》に 気《き》を つけて かきましょう。

① □《おお》きな □《き》の 下《した》で □《ほん》を よむ。

② □《おう》さまは たからの □《たま》を もって いる。

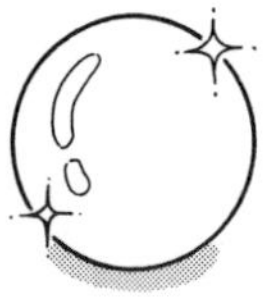

③ あさ □《はや》く おきて にわの □《くさ》とりを した。

④ □《もり》や □《はやし》には いろいろな いきものが いる。

⑤ □《むら》の 学《がっ》□《こう》は、いえから とおい。

⑥ □《しろ》い がようしを □《ひゃく》まい かう。

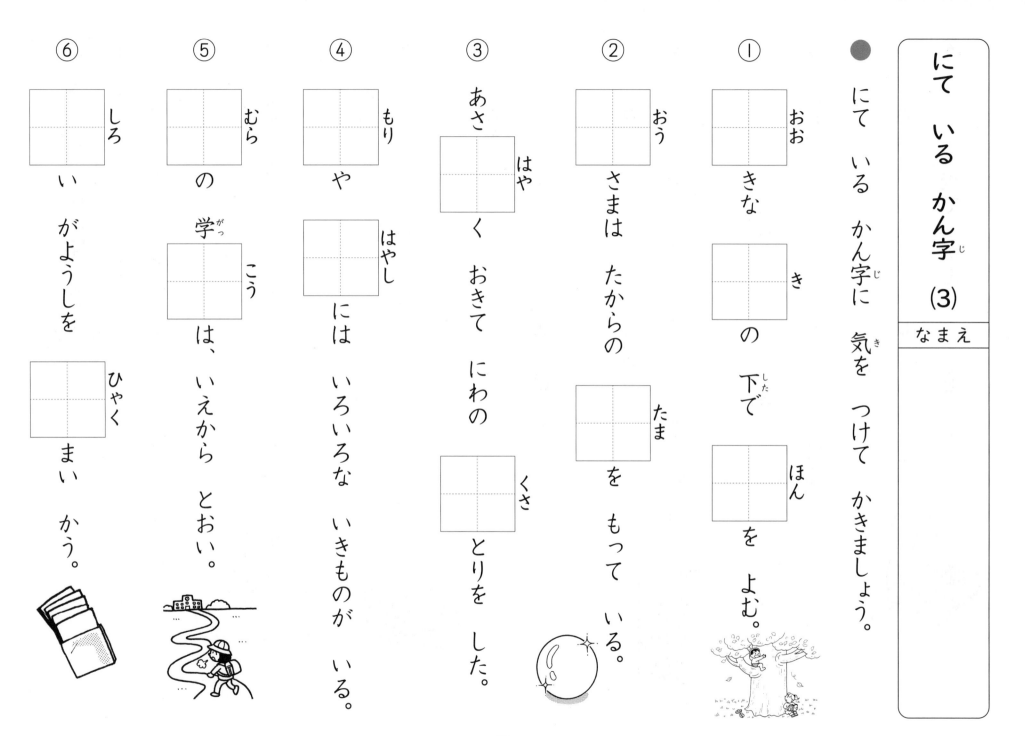

いい こと いっぱい、一年生《いちねんせい》

なまえ

つぎの 文《ぶん》しょうを 二《に》かい よんで、こたえましょう。

1

がんばった 玉《たま》入《い》れ
一年《いちねん》二《に》くみ おおた ゆい

五月《ごがつ》の うんどうかいで、
玉《たま》入《い》れを がんばりました。

2

おなじ チームの
二年生《にねんせい》が、
「かごの ちかくに いって
なげると いいよ。」
と、おしえて くれました。
やって みると、たくさん
入《はい》りました。
(あ)らいねんは、わたしが、一年生《いちねんせい》に
おしえて あげようと
おもいます。

（令和二年度版 光村図書 国語一下 ともだち「いい こと いっぱい、一年生」による）

1 おおたさんは、なにに ついて、かいて いますか。

うんどうかいで
（　　　　　　）を
がんばった こと。

2 (1) 二年生《にねんせい》が おしえて くれた ことを やって みると、どう なりましたか。○を つけましょう。

（　）玉《たま》が たくさん 入《はい》った。
（　）玉《たま》が すこししか 入《はい》らなかった。

(2) (あ)らいねんは、…おもいます。の 文《ぶん》で、おおたさんは どんな ことを かいて いますか。一《ひと》つに ○を つけましょう。

（　）した こと。
（　）いわれた こと。
（　）おもった こと。

4頁

①②…の じゅんに かたかなを なぞりましょう。

アイウエオ
カキクケコ
サシスセソ
タチツテト
ナニヌネノ
ハヒフヘホ
マミムメモ
ヤユヨ
ラリルレロ
ワヲン

（略）

5頁

かたかなを なぞりましょう。

アイウエオ
カキクケコ
サシスセソ
タチツテト
ナニヌネノ
ハヒフヘホ
マミムメモ
ヤユヨ
ラリルレロ
ワヲン

（略）

6頁

なまえことば (1)
（どうぶつ）

なまえ

● なまえを ひらがなで かきましょう。

① いぬ
② くま
③ うま
④ ねこ
⑤ ぞう
⑥ あひる
⑦ たぬき
⑧ ひつじ

ほかの どうぶつの なまえを ひとつ かきましょう。

（れい） うさぎ

う○
う○○
り○
き○○
し○○○
と○

えと ちがう どうぶつの なまえを かいても いいよ。

7頁

なまえことば (2)
（うみに いる いきもの）

なまえ

● なまえを ひらがなで かきましょう。

① かめ
② たこ
③ えび
④ いるか
⑤ かに
⑥ くじら
⑦ らっこ
⑧ しろくま

ほかの いきものの なまえを ひとつ かきましょう。

（れい） いか

い○
さ○
あ○○
く○○
ひ○○
や○○○

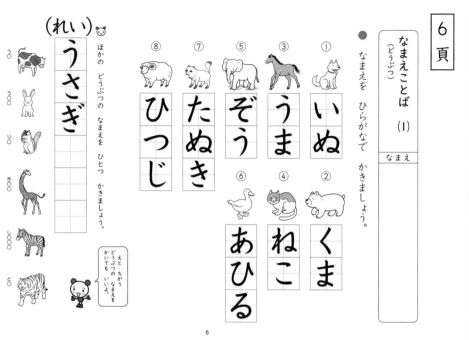

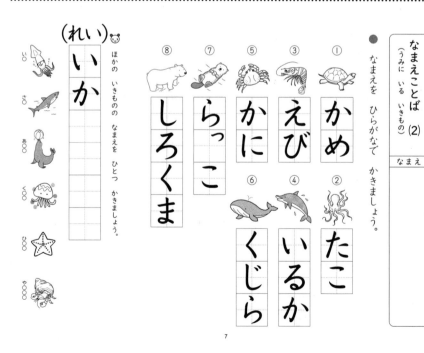

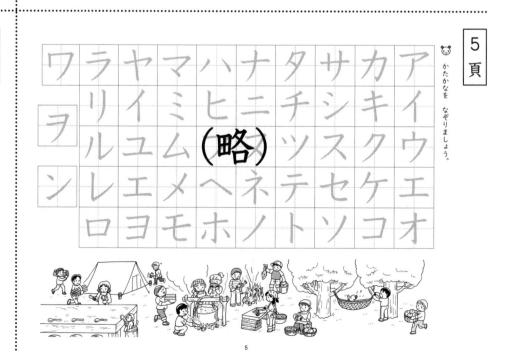

解答例

本書の解答は，あくまでもひとつの例です。児童に取り組ませる前に，必ず指導される方が問題を解いてください。指導される方の作られた解答をもとに，児童の多様な考えに寄り添って○つけをお願いします。

8頁

なまえことば (3)
（むし，ちいさな　いきもの）

なまえ

● なまえを　ひらがなで　かきましょう。

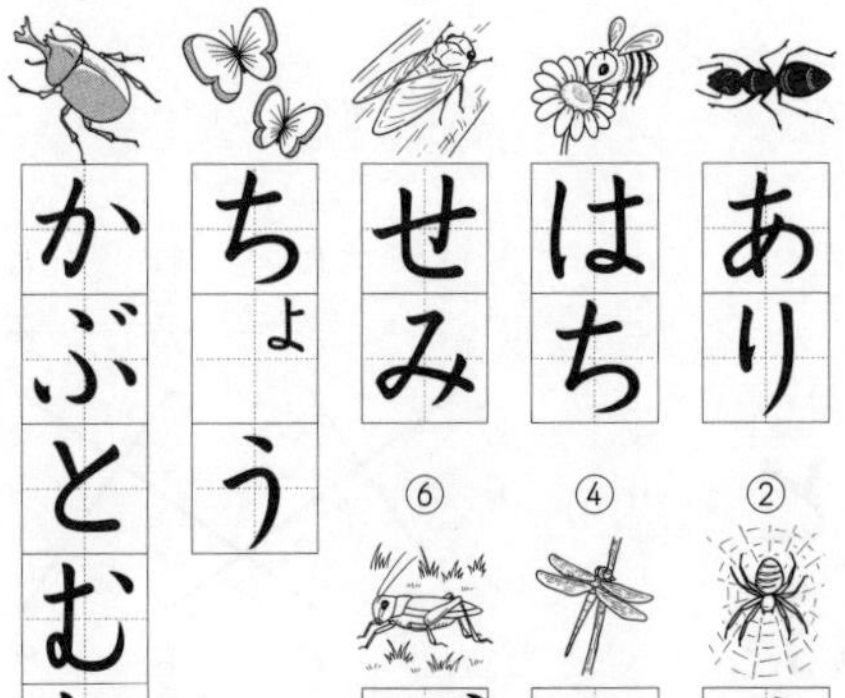

① あり
② くも
③ はち
④ とんぼ
⑤ せみ
⑥ ばった
⑦ ちょう
⑧ かぶとむし

ほかの　いきものの　なまえを　ひとつ　かきましょう。

(れい) ほたる

9頁

なまえことば (4)
（はな，きのみ，はっぱ）

なまえ

● なまえを　ひらがなで　かきましょう。

① あさがお
② さくら
③ たんぽぽ
④ ひまわり
⑤ どんぐり

ほかの　なまえを　ひとつ　かきましょう。

(れい) つくし

10頁

なまえことば (5)
（くだもの）

なまえ

● くだものの　なまえを　ひらがなで　かきましょう。

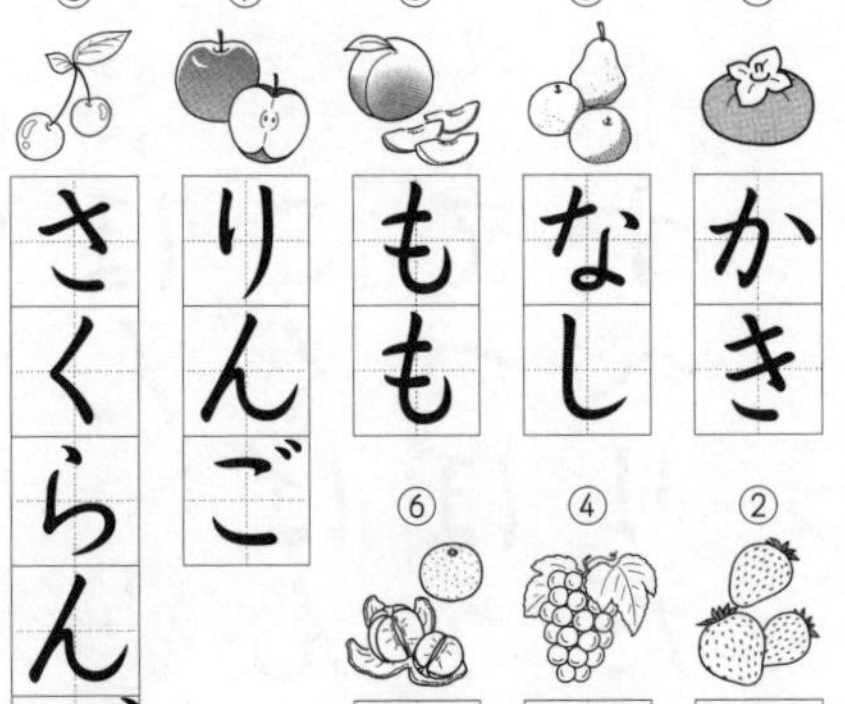

① かき
② いちご
③ なし
④ ぶどう
⑤ もも
⑥ みかん
⑦ りんご
⑧ さくらんぼ

ほかの　たべものの　なまえを　ひとつ　かきましょう。

(れい) すいか

11頁

なまえことば (6)
（のりもの）

なまえ

● なまえを　ひらがなで　かきましょう。

① じどうしゃ
② ふね
③ ひこうき
④ でんしゃ
⑤ しょうぼうしゃ

ほかの　のりものの　なまえを　ひとつ　かきましょう。

(れい) きゅうきゅうしゃ

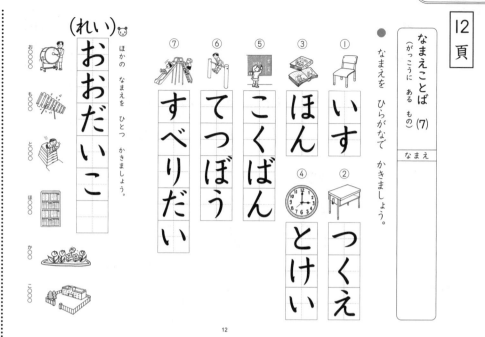

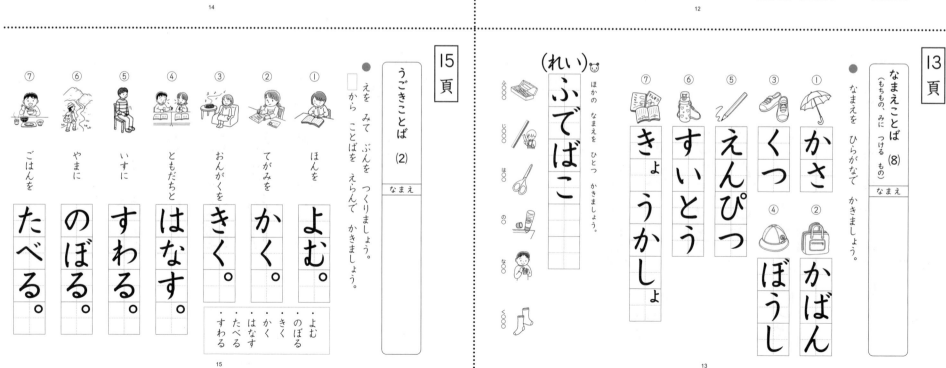

12頁

なまえことば (7)（がっこうに ある もの）

なまえ

● なまえを ひらがなで かきましょう。

① いす

② つくえ

③ ほん

④ とけい

⑤ こくばん

⑥ てつぼう

⑦ すべりだい

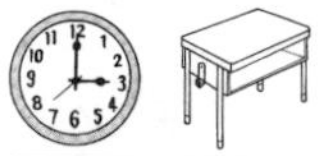

ほかの なまえを ひとつ かきましょう。

（れい） おおだいこ

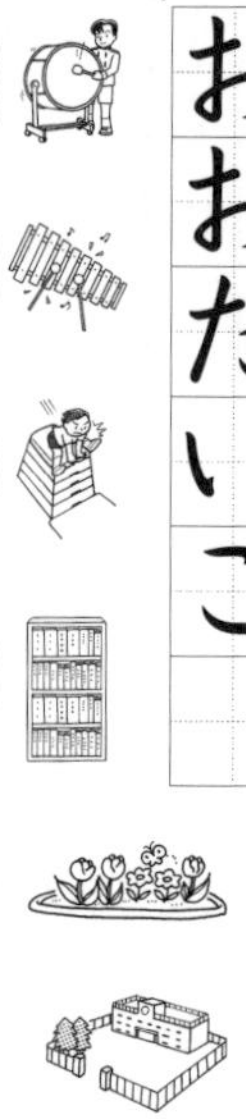

お○○○○

も○○○

と○○○

ほ○○○

か○○

こ○○○

13頁

なまえことば (8)（もちもの、みに つける もの）

なまえ

● なまえを ひらがなで かきましょう。

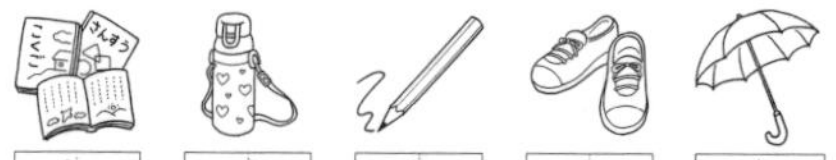

① かさ

② かばん

③ くつ

④ ぼうし

⑤ えんぴつ

⑥ すいとう

⑦ きょうかしょ

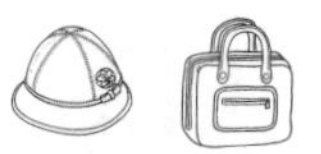

ほかの なまえを ひとつ かきましょう。

（れい） ふでばこ

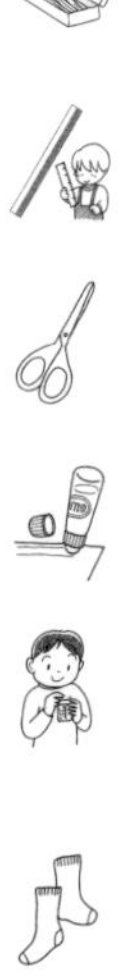

ふ○○○

じ○○○

は○○

の○

な○○

く○○○

14頁

うごきことば (1)

なまえ

(1) えを みて ぶんを つくりましょう。うえと したを ―― せんで むすびましょう。

① ねこが ― たべる。

② ねこが ― ねる。

③ ねこが ― はしる。

④ ねこが ― あそぶ。

「うごきことば」は、「する こと」を あらわす ことば です。

(2) えを みて ぶんを つくりましょう。

① とりが とぶ。

② ひとが あるく。

③ さかなが およぐ。

ぶんの おわりに まる。を つけよう。

15頁

うごきことば (2)

なまえ

● えを みて ぶんを つくりましょう。□から ことばを えらんで かきましょう。

① ほんを よむ。

② てがみを かく。

③ おんがくを きく。

④ ともだちと はなす。

⑤ いすに すわる。

⑥ やまに のぼる。

⑦ ごはんを たべる。

・よむ ・のぼる ・きく ・かく ・はなす ・たべる ・すわる

解答例

本書の解答は，あくまでもひとつの例です。児童に取り組ませる前に，必ず指導される方が問題を解いてください。指導される方の作られた解答をもとに，児童の多様な考えに寄り添って○つけをお願いします。

16頁

ようすことば (1)

なまえ

● 二《ふた》つの　えを　みて、ようすを　あらわす　ことばを　□から　ことばを　えらんで　かきましょう。

①

おおきい　いぬ

ちいさい　いぬ

②

たかい　やま

ひくい　やま

③
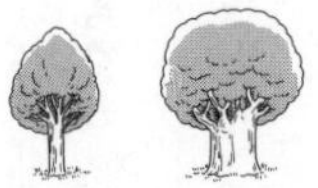

ふとい　木《き》

ほそい　木《き》

・おおきい　・ふとい　・たかい　・ちいさい　・ひくい　・ほそい

17頁

ようすことば (2)

なまえ

● 二《ふた》つの　えを　みて、ようすを　あらわす　ことばを　□から　ことばを　えらんで　かきましょう。

①

つめたい　のみもの

あつい　のみもの

②

はやい　くるま

おそい　くるま

③

ながい　なわ

みじかい　なわ

・あつい　・おそい　・みじかい　・はやい　・ながい　・つめたい

18頁

ようすことば (3)

なまえ

● 二《ふた》つの　えに　あう　ぶんを　つくりましょう。ようすを　あらわす　ことばを、□から　えらんで　かきましょう。

①

へやが　あかるい。

へやが　くらい。

②

かばんが　おもい。

かばんが　かるい。

③

りんごが　おおい。

りんごが　すくない。

・おもい　・おおい　・くらい　・かるい　・あかるい　・すくない

19頁

ようすことば (4)
（いろや　きもちを　あらわす　ことば）

なまえ

(1) えを　みて、いろを　あらわす　ことばを　かきましょう。
□から　ことばを　えらびましょう。

① あかい　はな

② あおい　そら

③ しろい　くも

④ くろい　とり

・しろい　・あおい　・くろい　・あかい

(2) えを　みて、きもちを　あらわす　ことばを　かきましょう。
□から　ことばを　えらびましょう。

① ともだちと　あそんで　たのしい　きもち

② かびんを　わって　しまって　かなしい　きもち

③ おくりものを　もらって　うれしい　きもち

・かなしい　・うれしい　・たのしい

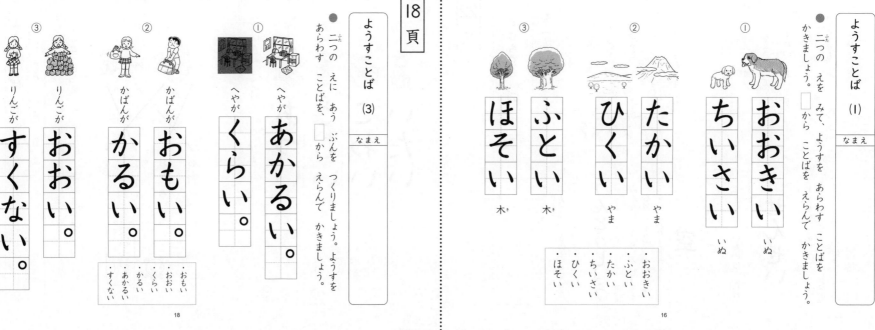

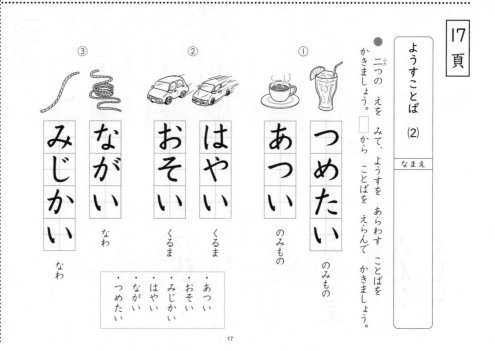

20頁

ようすことば(5)（おもった こと、かんじた ことを あらわす ことば）

なまえ

(1) えに あう ことばを えらびましょう。
うえと したを ——せんで むすびましょう。

① — かわいい
② — おいしい
③ — おもしろい
④ — ねむい

（解答：①—おもしろい ②—ねむい ③—かわいい ④—おいしい）

(2) えに あう ことばを かきましょう。
□から ことばを えらびましょう。

① あつい
② さむい
③ こわい
④ いたい

・こわい
・あつい
・いたい
・さむい

21頁

くじらぐも(1)

なまえ

つぎの ぶんしょうを 二《に》かい よんで、こたえましょう。

1

四《よ》じかんめの ことです。
一《いち》ねん二《に》くみの
子《こ》どもたちが
たいそうを して
いると、空《そら》に、
㋐大《おお》きな くじらが
あらわれました。
まっしろい くもの
くじらです。

2

「一《いち》、二《に》、三《さん》、四《し》。」
くじらも、たいそうを
はじめました。
のびたり ちぢんだり
して、
しんこきゅうも
しました。

1

(1) 子《こ》どもたちが なにを して いる ときの ことですか。

たいそう

(2) ㋐大《おお》きな くじらとは、どんな くじらでしたか。○を つけましょう。

(○) まっしろい くもの くじら。
( ) まっくろい うみの くじら。

2

(1) なんと いう かけごえで、くじらも たいそうを はじめましたか。

一、二、三、四。

(2) くじらは、どんな たいそうを しましたか。三《みっ》つに ○を つけましょう。

(○) のびる
(○) ちぢむ
( ) はしる
(○) しんこきゅう

22頁

くじらぐも(2)

なまえ

つぎの ぶんしょうを 二《に》かい よんで、こたえましょう。

1

みんなが
かけあしで
うんどうじょうを
まわると、
くもの くじらも、
空《そら》を まわりました。

2

せんせいが
ふえを ふいて、
とまれの あいずを
すると、
くじらも
とまりました。

（令和二年度版 光村図書 国語一下 ともだち なかがわ りえこ）

1

(1) みんなは、かけあしで どこを まわりましたか。

うんどうじょう

(2) みんなが うんどうじょうを まわると、くもの くじらは どこを まわりましたか。

空

2

(1) ふえを ふいたのは だれですか。

せんせい

(2) とまれの あいずで、くじらは どう しましたか。一《ひと》つに ○を つけましょう。

( ) ふえを ふいた。
( ) 空《そら》を まわった。
(○) とまった。

23頁

くじらぐも(3)

なまえ

つぎの ぶんしょうを 二《に》かい よんで、こたえましょう。

1

「まわれ、みぎ。」
せんせいが ごうれいを
かけると、くじらも、
空《そら》で まわれみぎを
しました。
「あの くじらは、きっと
がっこうが
すきなんだね。」

2

みんなは、大《おお》きな
こえで、
㋐「おうい。」
と よびました。
㋑「おうい。」
と、くじらも
こたえました。

（令和二年度版 光村図書 国語一下 ともだち なかがわ りえこ）

1

(1) せんせいが 「まわれ、みぎ。」と ごうれいを かけると、くじらは 空《そら》で なにを しましたか。

まわれみぎ

(2) みんなは、くじらの ことを どう おもいましたか。○を つけましょう。

(○) きっと がっこうが すき。
( ) まねを するのが すき。

2

(1) みんなは、どんな こえで よびましたか。

大きな こえ

(2) ㋐、㋑の ことばは、だれが いった ことばですか。

㋐ みんな
㋑ くじら

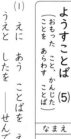

本書の解答は，あくまでもひとつの例です。児童に取り組ませる前に，必ず指導される方が問題を解いてください。指導される方の作られた解答をもとに，児童の多様な考えに寄り添って○つけをお願いします。

24
頁

くじらぐも (4)

なまえ

つぎの ぶんしょうを 二《に》かい よんで こたえましょう。

1

あ「ここへ おいでよう。」
みんなが さそうと、
い「ここへ おいでよう。」
と、くじらも
さそいました。

2

「よし きた。
くもの くじらに
とびのろう。」
男《おとこ》の子《こ》も、
女《おんな》の子《こ》も、
はりきりました。

（令和二年度版 光村図書 国語一下 ともだち なかがわ りえこ）

1

(1) あの ことばは、だれが いった ことばですか。

みんな

(2) いの ことばは、だれが いった ことばですか。

くじら

2

(1) くじらの さそいを きいて、みんなは どうしようと いいましたか。

くもの くじらに
（とびのろう）。

(2) みんなは、どんな ようすでしたか。○を つけましょう。

（ ）こわがって いる ようす。
（○）はりきった ようす。

25
頁

しらせたいな、見《み》せたいな

なまえ

つぎの 文《ぶん》しょうを 二《に》かい よんで、こたえましょう。

モルモットのもこ
むらた こうき
もこのけは、しろとちゃ
いろとくろです。さわると、
ふわふわしていて、とても
やわらかいです。
めは、まっくろです。ま
るくてかわいいです。
はなのまわりには、なが
いひげがはえています。
えさをやると、くちをも
ぐもぐうごかしてたべます。

（令和二年度版 光村図書 国語一下 ともだち 「しらせたいな、見せたいな」による）

(1) モルモットの なまえは なんですか。

もこ

(2) この 文《ぶん》しょうを かいた ひとの なまえは なんですか。

むらた こうき

(3) あさわるとの あとに 「てん（、）」を うちます。どこに うてば いいですか。うえの ます目《め》□に かきいれましょう。

(4) いたべますの あとに 「まる（。）」を うちます。どこに うてば いいですか。うえの ます目《め》□に かきいれましょう。

(5) モルモットの からだの なにに ついて かいて ありますか。三《みっ》つに ○を つけましょう。

（○）けの いろと さわった かんじ。
（ ）からだの 大《おお》きさ。
（○）めの いろと かたち。
（○）はなの まわりの ようす。

※てん（、）やまる（。）は、ますの したに かく ことも あります。

26
頁

まちがいを なおそう (1)
（くっつきの 「は・を・へ」）

なまえ

● つぎの 文《ぶん》で、字《じ》の つかいかたが まちがって いる ひらがなに ×を つけて、正《ただ》しい 字《じ》を よこに かきましょう。

〈れい〉 わたし×は、わらう。

① ぼくは、どんぐり×を ひろいました。

② おとうとは、こうえん×へ いきました。

③ こま×は、くるくると まわります。

④ わたしは、いそいで いえ×へ かえりました。

⑤ いもうとは、じょうずに おりがみ×を おります。

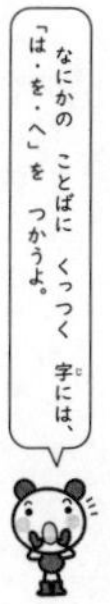
なにかの ことばに くっつく 字《じ》には、「は・を・へ」を つかうよ。

27
頁

まちがいを なおそう (2)
（くっつきの 「は・を・へ」）

なまえ

● つぎの 文《ぶん》で、字《じ》の つかいかたが まちがって いる ひらがなに ×を つけて、正《ただ》しい 字《じ》を よこに かきましょう。
（まちがって いる 字《じ》は 二《ふた》つずつ あります。）

① わたし×は、がっこう×へ いきます。

② ぼく×は、げんかんで くつ×を はきました。

③ いもうと×は、おかあさんと えき×へ いきました。

④ わたし×は、かお×を ていねいに あらいました。

⑤ わに×は、ゆっくりと かわ×へ かえって いきました。

28頁

まちがいを なおそう（くっつきの「は」・「を」・「へ」と かなづかい）(3)

なまえ

(1) ——せんの かなづかいが 正《ただ》しい ほうに ○を つけましょう。

① ( )ぼくわ、いもおとお 見《み》た。
(○)ぼくは、いもうとを 見《み》た。

② (○)きのう、えいごの せんせいが きた。
( )きのお、ええごの せんせえが きた。

(2) つぎの 文《ぶん》には、かなづかいの まちがいが 三《みっ》つずつ あります。まちがいに ×を つけて、文《ぶん》を 正《ただ》しく かきなおしましょう。

〈れい〉 ら×こ×、か×いい。
らっこは、かわいい。

① わたし×、おと×と えき× いった。
わたしは、おとうとと えきへ いった。

② きの× にわで、こ×ろぎ× 見《み》つけた。
きのう、にわで、こおろぎを見つけた。

29頁

まちがいを なおそう（くっつきの「は」・「を」・「へ」と かなづかい）(4)

なまえ

● つぎの 文《ぶん》には、かなづかいの まちがいが あります。まちがいに ×を つけて、文《ぶん》を 正《ただ》しく かきなおしましょう。

① まちがいを 四《よっ》つ 見《み》つけて、かきなおしましょう。

わたし× ぼ×し× かぶって、えき× いきました。

わたしは、ぼうしをかぶって、えきへいきました。

② まちがいを 五《いつ》つ 見《み》つけて、かきなおしましょう。

きの× ぼく× どうぶつ×んで、大《おお》きな ぞ×× 見《み》ました。

きのう、ぼくは、どうぶつえんで、大きなぞうを見ました。

30頁

ことばを たのしもう (1)

なまえ

つぎの しを 二《に》かい よんで、こたえましょう。

ぞうさんの　ぼうし

ざじずぜぞうさん
ざくろの　えだに
がぎぐげごつんと
ぶつかって
だぢづでどしんと
でんぐりがえり
ばびぶべぼうし
ぱぴぷぺぽんと
ふっとんだ

（令和二年度版　光村図書　国語一下　ともだち　なかがわ　りえこ）

(1) ざじずぜぞの ような 五《いつ》もじが、ほかに「が○○○○」「だ○○○○」「ば○○○○」「ぱ○○○○」と、しの 中《なか》に 四《よっ》つ あります。見《み》つけて かきましょう。

がぎぐげご
だぢづでど
ばびぶべぼ
ぱぴぷぺぽ

(2) ぞうさんは どんな ようすで えだに ぶつかりましたか。○を つけましょう。

(○)ごつん
( )どしん

(3) ぽんと ふっとんだのは、なんですか。

ぼうし

31頁

ことばを たのしもう (2)

なまえ

つぎの ことばを 二《に》かい はやくちで いって、こたえましょう。

あ
なまむぎ
なまごめ
なまたまご

い
あおまきがみ
あかまきがみ
きまきがみ

う
かえる　ひょこひょこ
三《み》ひょこひょこ
あわせて　ひょこひょこ
六《む》ひょこひょこ

（令和二年度版　光村図書　国語一下　ともだち「ことばを　たのしもう」による）

(1) あ〜うの ような ことばを なんと いいますか。一《ひと》つに ○を つけましょう。

( )くりかえしことば
(○)はやくちことば
( )むかしことば

(2) あで、くりかえして いる ことばを かきましょう。

なま

(3) いで、くりかえして いる ことばを かきましょう。

まきがみ

(4) うで、くりかえして いる ことばを かきましょう。

ひょこひょこ

本書の解答は，あくまでもひとつの例です。児童に取り組ませる前に，必ず指導される方が問題を解いてください。指導される方の作られた解答をもとに，児童の多様な考えに寄り添って○つけをお願いします。

32頁

かん字《じ》の はなし (1)

なまえ

(1) かん字《じ》を かく れんしゅうを しましょう。( )に よみがなを かきましょう。

① (やま) 山 山 山 山

② (みず) 水 水 水 水

③ (あめ) 雨 雨 雨 雨

④ (うえ) 上 上 上 上

⑤ (した) 下 下 下 下

(2) つぎの ものの かたちから できた かん字《じ》を □から えらんで かきましょう。

① 山 ② 上 ③ 雨 ④ 下 ⑤ 水

山《やま》 水《みず》 雨《あめ》 上《うえ》 下《した》

33頁

かん字《じ》の はなし (2)

なまえ

(1) かん字《じ》を かく れんしゅうを しましょう。

① 日《ひ》 日 日 日 日

② 火《ひ》 火 火 火 火

③ 田《た》 田 田 田 田

④ 川《かわ》 川 川 川 川

⑤ 竹《たけ》 竹 竹 竹 竹

⑥ 月《つき》 月 月 月 月

(2) つぎの ものの かたちから できた かん字《じ》を □から えらんで かきましょう。

① 田 ② 日 ③ 火 ④ 月 ⑤ 竹 ⑥ 川

日《ひ》 火《ひ》 田《た》 川《かわ》 竹《たけ》 月《つき》

34頁

かん字《じ》の はなし (3)

なまえ

● つぎの □の えを かん字《じ》に なおして、文《ぶん》を かきましょう。

① 《やま》に 《あめ》が ふる。

山に雨がふる。

② 《ひ》が しずみ、《つき》が でてきた。

日がしずみ、月がでてきた。

③ 《たけ》やぶに、小《ちい》さな 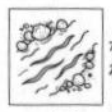《かわ》が ながれる。

竹やぶに、小さな川がながれる。

35頁

じどう車《しゃ》くらべ (1)

なまえ

つぎの 文《ぶん》しょうを 二《に》かい よんで、こたえましょう。

[1] バスや じょうよう車《しゃ》は、人《ひと》を のせて はこぶ しごとを して います。

[2] その ために、ざせきの ところが、ひろく つくって あります。

[3] そとの けしきが よく 見《み》えるように、大《おお》きな まどが たくさん あります。

(令和二年度版 光村図書 国語一下 ともだち「じどう車くらべ」による)

[1] バスや じょうよう車《しゃ》は、どんな しごとを して いますか。

(人)を のせて (はこぶ) しごと。

[2] しごとを する ために、なにが ひろく つくって ありますか。

ざせき(の ところ)

[3] 大《おお》きな まどが たくさん あるのは、なんの ためですか。○を つけましょう。

( ) そとに いる 人《ひと》に 車《くるま》の なかを 見《み》せる ため。

(○) そとの けしきが よく 見《み》えるように する ため。

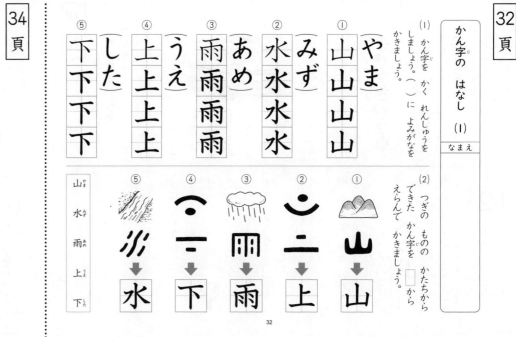

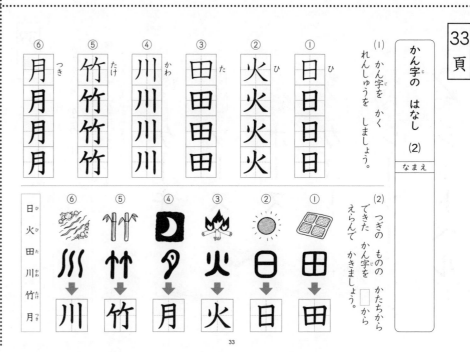

36 頁

じどう車《しゃ》くらべ (2)

なまえ

つぎの 文《ぶん》しょうを 二《に》かい よんで、こたえましょう。

1
トラックは、
にもつを はこぶ
しごとを して
います。

2
その ために、
うんてんせきの ほかは、
ひろい にだいに
なって います。

3
おもい にもつを
のせる トラックには、
タイヤが たくさん
ついて います。

（令和二年度版　光村図書　国語一下　ともだち「じどう車くらべ」による）

1 トラックは、どんな しごとを して いますか。

（にもつ）を（はこぶ）しごと。

2 しごとを する ために、なにが ひろく なって いますか。

にだい

3 タイヤが たくさん ついて いるのは、どんな トラックですか。一《ひと》つに ○を つけましょう。

（　）うんてんせきが ひろい トラック。
（○）おもい にもつを のせる トラック。
（　）にだいが せまい トラック。

37 頁

全文読解《ぜんぶんどっかい》

じどう車《しゃ》くらべ (3)

なまえ

きょうかしょの 「じどう車《しゃ》くらべ」を よんで、こたえましょう。

(1) つぎの じどう車《しゃ》は、どんな しごとを して いますか。——せんで むすびましょう。

① バスや じょうよう車《しゃ》
② トラック
③ クレーン車《しゃ》

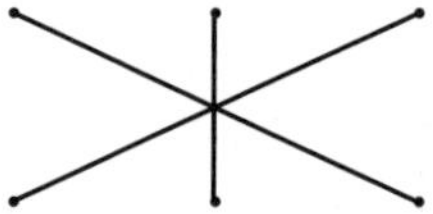

・おもい ものを つり上《あ》げる しごと。
・にもつを はこぶ しごと。
・人《ひと》を のせて はこぶ しごと。

(2) クレーン車《しゃ》は どんな つくりに なって いますか。二《ふた》つに ○を つけましょう。

（○）じょうぶな うでが、のびたり うごいたり する。
（　）まどが たくさん ついて いる。
（　）タイヤが たくさん ついて いる。
（○）しっかりした あしが、ついて いる。

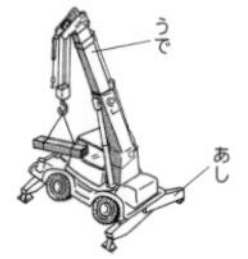

38 頁

じどう車《しゃ》ずかんを つくろう

なまえ

つぎの カードの 文《ぶん》しょうを 二《に》かい よんで、こたえましょう。

きゅうきゅう車《しゃ》は、けがを
した 人《ひと》や、びょうきの 人《ひと》を、
びょういんへ はこぶ
しごとを して います。
そのために、うんてんせきの
うしろは、ベッドが いれられる
ように なって います。

（令和二年度版　光村図書　国語一下　ともだち「じどう車ずかんを つくろう」による）

(1) なんと いう じどう車《しゃ》に ついて かいて ありますか。

きゅうきゅう車

(2) どんな 人《ひと》を はこぶ しごとを して いますか。二《ふた》つに ○を つけましょう。

（○）けがを した 人《ひと》。
（　）げんきな 人《ひと》。
（○）びょうきの 人《ひと》。

(3) しごとを する ために、うんてんせきの うしろに なにが いれられる つくりに なって いますか。

ベッド

(4) かいて ある じゅんに 1、2の ばんごうを かきましょう。

（2）つくりに ついて。
（1）しごとに ついて。

39 頁

かたかなを かこう (1)

なまえ

● のばす おんに きを つけて、えに あう ことばを かたかなで かきましょう。

①  ケーキ
②  ソース
③  ホース
④  カヌー
⑤  シーソー
⑥  シートベルト

本書の解答は，あくまでもひとつの例です。児童に取り組ませる前に，必ず指導される方が問題を解いてください。指導される方の作られた解答をもとに，児童の多様な考えに寄り添って○つけをお願いします。

40頁

かたかなを　かこう　(2)
なまえ

● 小《ちい》さく　かく　かたかなに　きを　つけて，えに　あう　ことばを　かたかなで　かきましょう。

①  ロケット

②  キャンプ

③  ニュース

④  ヘルメット

⑤  ショベルカー

⑥  チューリップ

小《ちい》さく　かく「ヤ・ユ・ヨ・ツ」を　かく　ばしょは，ひらがなと　おなじ　だよ。

ツ

41頁

かたかなを　かこう　(3)
なまえ

● えに　あう　ことばを　かたかなで　かいて，しりとりを　しましょう。

①  サンドイッチ

②  チョコレート

③  トラック

④  クリスマス

⑤  スケート

⑥  トランポリン

42頁

ともだちの　こと，しらせよう
なまえ

きくちさんは，ともだちに　きいた　ことを　文《ぶん》しょうに　かきました。つぎの　文《ぶん》しょうを　二《に》かい　よんで，こたえましょう。

りかさんと　なわとび

きくち　たくや

りかさんが，いま，いちばん　たのしい　ことは，なわとびを　する　ことです。

りかさんは，まい日《にち》，なわとびを　れんしゅうして　います。おねえさんに，とびかたを　おしえて　もらって，二《に》じゅうとびを，五《ご》かいも　とべるように　なったそうです。

ぼくも，りかさんの　二《に》じゅうとびを，見《み》てみたいです。

（令和二年度版　光村図書　国語一下　ともだち「ともだちの　こと，しらせよう」による）

(1) この　文《ぶん》しょうは，きくちさんが　だれから　きいた　ことを　かいた　ものですか。

りかさん

(2) なにに　ついて　かいた　文《ぶん》しょうですか。○を　つけましょう。

(○)りかさんと　なわとび。

(　)りかさんと　おねえさん。

(3) きくちさんは，どんな　はなしを　きいて，この　文《ぶん》しょうを　かいたのですか。○を　つけましょう。

(　)いま，りかさんが，いちばん　きらいな　ことの　はなし。

(○)いま，りかさんが，いちばん　たのしい　ことの　はなし。

43頁

おかゆの　おなべ　(1)
なまえ

つぎの　文《ぶん》しょうを　二《に》かい　よんで，こたえましょう。

1

〔森《もり》で　であった　おばあさんは，おなべを　くれました。それは，じゅもんで　おかゆが　どんどん　出《で》て　くる　おなべでした。〕

こんな　ふうに　して，女《おんな》の子《こ》と　おかあさんは，たべものに　こまる　ことが　なく　なりました。

2

なにしろ，おなかが　すいたら　おなべに　むかって，

「なべさん，なべさん。にて　おくれ。」

と，いいさえ　すれば　いいのですから。

（令和二年度版　光村図書　国語一下　ともだち　さいとう　ひろし）

1 女《おんな》の子と　おかあさんは，どんな　ことが　なくなりましたか。○を　つけましょう。

(　)たべものを　おなか　いっぱい　たべる　こと。

(○)たべものが　なくて　こまる　こと。

2 おなかが　すいた　ときの　ことに　ついて　こたえましょう。

(1) なにに　むかって　ことばを　いえば　いいのですか。

おなべ

(2) なんと　いいさえすれば　いいのですか。

(なべ)さん，(なべ)さん，(にて　おくれ)。

本書の解答は，あくまでもひとつの例です。児童に取り組ませる前に，必ず指導される方が問題を解いてください。指導される方の作られた解答をもとに，児童の多様な考えに寄り添って○つけをお願いします。

解答例

44頁

おかゆの　おなべ　(2)

なまえ

つぎの　文《ぶん》しょうを　二《に》かい　よんで、こたえましょう。

1

ある　日《ひ》、女《おんな》の子《こ》が　町《まち》の　そとに　出《で》かけた　とき、おかあさんは　おなかが　すいたので、おなべに　むかって　いいました。

「なべさん、なべさん。にて　おくれ。」

2

おなべは、ぐらぐらと　にえたち、おかゆが　うんじゃら　うんじゃら、出《で》て　きました。

（令和二年度版　光村図書　国語一下　ともだち　さいとう　ひろし）

1

(1) どんな　ときの　ことですか。○を　つけましょう。

（　）女《おんな》の子《こ》が　いえに　いる　とき。

（○）女《おんな》の子《こ》が　町《まち》の　そとに　出《で》かけた　とき。

(2) おなべに　むかって　ことばを　いったのは、だれですか。

おかあさん

2

(1) おなべは　どんな　ようすで　にえたちましたか。

ぐらぐら

(2) 「うんじゃら　うんじゃら」とは、なにが　どうなる　ようすですか。○を　つけましょう。

（　）おなべが　にえたつ　ようす。

（○）おかゆが　出《で》て　くる　ようす。

45頁

おかゆの　おなべ　(3)

なまえ

つぎの　文《ぶん》しょうを　二《に》かい　よんで、こたえましょう。

1

おかあさんは　おかゆを　たくさん　たべ、おなかが　いっぱいに　なりました。

けれども、おかあさんは、おなべを　とめようと　して、はっと　しました。

2

いつも、おなべに　むかって　じゅもんを　いうのは、女《おんな》の子《こ》の　やくめだったので、おかあさんは、とめる　ときの　じゅもんを　よく　しらなかったのです。

（令和二年度版　光村図書　国語一下　ともだち　さいとう　ひろし）

1

(1) おかあさんは、おかゆを　どれぐらい　たべましたか。

たくさん

(2) おかあさんが　おなべを　とめようと　したのは　なぜですか。○を　つけましょう。

（○）おなかが　いっぱいに　なったから。

（　）おなかが　いたく　なったから。

2

おかあさんが　おなべを　とめる　ときの　じゅもんを　よく　しらなかったのは、なぜですか。

いつも、おなべに　むかって（じゅもん）を　いうのは、（女の子）の　やくめだったから。

46頁

おかゆの　おなべ　(4)

なまえ

つぎの　文《ぶん》しょうを　二《に》かい　よんで、こたえましょう。

1

そこで、おかあさんは、

「なべさん、なべさん。やめとくれ。」

と、いって　みました。

もちろん、なべは　とまりません。

2

つぎに、おかあさんは、

「なべさん、なべさん。おわりだよ。」

と、いって　みました。

あ　なべは　とまりません。

（令和二年度版　光村図書　国語一下　ともだち　さいとう　ひろし）

1

(1) おかあさんは、なんと　いって　みましたか。

なべさん、なべさん。（やめとくれ）。

(2) なべは　どう　なりましたか。○を　つけましょう。

（　）とまった。

（○）とまらなかった。

2

(1) つぎに、おかあさんは、なんと　いって　みましたか。

なべさん、なべさん。（おわりだよ）。

(2) あ に　あてはまる　ことば　一《ひと》つに　○を　つけましょう。

（○）やっぱり

（　）こんどは

（　）だから

47頁

おかゆの　おなべ　(5)

なまえ

つぎの　文《ぶん》しょうを　二《に》かい　よんで、こたえましょう。

1

その　ほか、おかあさんは、おもいつく　ままに、いろいろ　じゅもんらしい　ことを　いって　みました。

2

あ、どれも　まちがいだったので、おなべは、おかゆを　にるのを　やめませんでした。

（令和二年度版　光村図書　国語一下　ともだち　さいとう　ひろし）

1

おかあさんは、じゅもんらしい　ことを　どれぐらい　いって　みましたか。一《ひと》つに　○を　つけましょう。

（　）一《いち》どだけ。

（○）いろいろ　いって　みた。

（　）一《いち》ども　いわなかった。

2

(1) あ に　あてはまる　ことばに　○を　つけましょう。

（　）すると

（○）けれども

(2) おなべが　おかゆを　にるのを　やめなかったのは、なぜですか。

おかあさんが　いった　じゅもんらしい　ことばが、どれも（まちがい）だったから。

本書の解答は，あくまでもひとつの例です。児童に取り組ませる前に，必ず指導される方が問題を解いてください。指導される方の作られた解答をもとに，児童の多様な考えに寄り添って○つけをお願いします。

48頁

おかゆの　おなべ　(6)

なまえ

つぎの　文《ぶん》しょうを　二《に》かい　よんで、こたえましょう。

1
ぐらぐら、ぐらぐら。
うんじゃら、うんじゃら。
おなべから、おかゆが
どんどん　出《で》て　きます。
やがて、うち中《じゅう》　おかゆ
だらけに　なりました。
それでも、おなべは
とまりません。

2
ぐらぐら、ぐらぐら。
うんじゃら、うんじゃら。
おかゆは、みちに
あふれ出《で》ました。
㋐　、おなべは
とまりません。

（令和二年度版　光村図書　国語一下　ともだち　さいとう　ひろし）

1　おなべが　にえて、おかゆが　どんどん　出《で》て　くる　ようすを　あらわした　ことばを　文《ぶん》の　中《なか》から　見《み》つけて　かきましょう。

ぐらぐら、ぐらぐら。
（うんじゃら）、
（うんじゃら）。

2
(1)　おかゆは　うちの　中《なか》から　どこに　あふれ出《で》ましたか。

みち

(2)　㋐に　あてはまる　ことば　一《ひと》つに　○を　つけましょう。

（　）とうとう
（○）それでも
（　）だから

49頁

ものの　名《な》まえ　(1)

なまえ

つぎの　文《ぶん》しょうを　二《に》かい　よんで、こたえましょう。

1
ものには、一《ひと》つ一《ひと》つに
名《な》まえが　ついて　います。
りんご、みかん、
バナナなどは、
一《ひと》つ一《ひと》つの　名《な》まえです。

2
一《ひと》つ一《ひと》つの　ものを、
まとめて　つけた
名《な》まえも　あります。
りんご、みかん、バナナ
などを　まとめて　つけた
名《な》まえは、くだものです。

（令和二年度版　光村図書　国語一下　ともだち「ものの　名まえ」による）

1
(1)　ものには、一《ひと》つ一《ひと》つに　なにが　ついて　いますか。

名まえ

(2)　「りんご、みかん、バナナ」などは、つぎの　二《ふた》つの　うち、どちらの　名《な》まえですか。○を　つけましょう。

（○）一《ひと》つ一《ひと》つの　名《な》まえ。
（　）まとめて　つけた　名《な》まえ。

2　「くだもの」と　いう　ことばは、どんな　名《な》まえと　いえますか。

（まとめて）つけた　名《な》まえ。

50頁

ものの　名《な》まえ　(2)

なまえ

つぎの　文《ぶん》しょうを　二《に》かい　よんで、こたえましょう。

1
さかなも、まとめて
つけた　名《な》まえです。

2
一《ひと》つ一《ひと》つを　わけて
いう　ときには、
あじ、さば、たいなどと、
一《ひと》つ一《ひと》つの　名《な》まえを
つかいます。

（令和二年度版　光村図書　国語一下　ともだち「ものの　名まえ」による）

1　「さかな」は、どんな　名《な》まえですか。○を　つけましょう。

（　）一《ひと》つ一《ひと》つの　名《な》まえ。
（○）まとめて　つけた　名《な》まえ。

2
(1)　「さかな」の　一《ひと》つ一《ひと》つの　名《な》まえを　文《ぶん》の　中《なか》から　三《みっ》つ　見《み》つけて　かきましょう。

あじ　さば　たい

(2)　一《ひと》つ一《ひと》つの　名《な》まえを　つかうのは、どんな　ときですか。

一《ひと》つ一《ひと》つの　ものを（わけて）いう　とき。

51頁

全文読解《ぜんぶんどっかい》

ものの　名《な》まえ　(3)

なまえ

きょうかしょの「ものの　名《な》まえ」を　よんで、こたえましょう。

(1)　この　文《ぶん》しょうは、なにに　ついて　かいて　ありますか。一《ひと》つに　○を　つけましょう。

㋐（　）かいものの　しかた。
㋑（○）ものの　名《な》まえ。
㋒（　）いろいろな　たべもの。

(2)　つぎの　ものを　まとめて　つけた　名《な》まえは　なんですか。下《した》から　えらんで　――せんで　むすびましょう。

①　きりん・パンダ　うさぎ・ライオン

②　ピアノ・たいこ　すず・もっきん

③　トラック・ふね　ひこうき・でん車《しゃ》

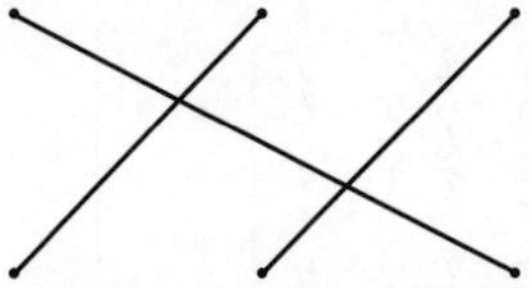

のりもの
どうぶつ
がっき

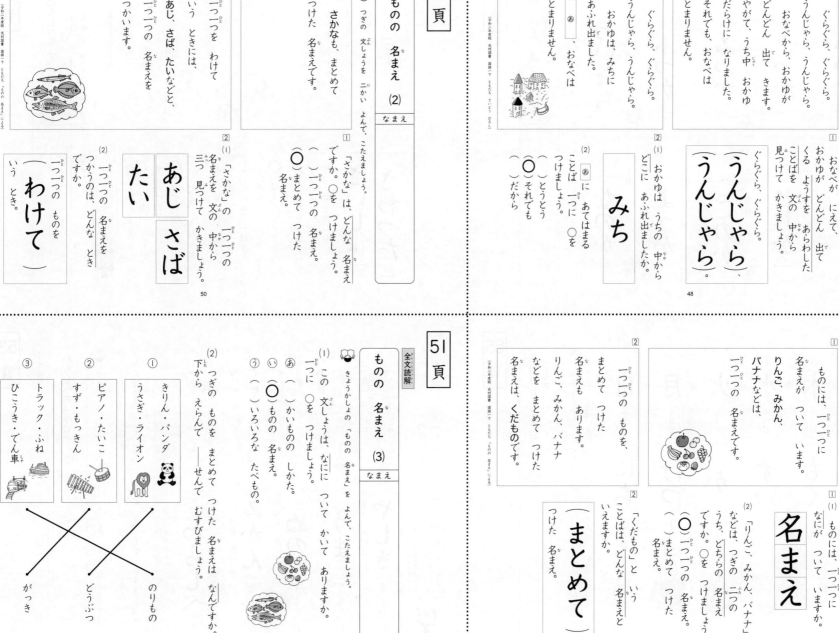

52
頁

わらしべちょうじゃ (1)

なまえ

つぎの 文《ぶん》しょうを 二《に》かい よんで、こたえましょう。

1
むかしむかし、
ある ところに、
ひとりの 男《おとこ》が いました。
ある 日《ひ》、男《おとこ》は ゆめの
中《なか》で こんな 声《こえ》を
聞《き》きました。

2
「さいしょに さわった
ものを、手《て》から
はなさないように
しなさい。きっと、
いい ことが
ありますよ。」

（令和二年度版　光村図書　国語一下　ともだち　はちかい　みみ）

おはなしを よんで もらってから こたえましょう。

1
(1) 「わらしべちょうじゃ」は、どんな おはなしですか。○を つけましょう。
（○）むかしばなし。
（　）いまの おはなし。

(2) ある 日《ひ》、男《おとこ》が 声《こえ》を 聞《き》いたのは、どんな ときでしたか。○を つけましょう。
（　）あるいて いる とき。
（○）ねて いる とき。

2
どんな ものを 手《て》から はなさないように しなさいと、男《おとこ》は 聞《き》きましたか。

（さいしょ）に
（さわった）
もの。

53
頁

全文読解《ぜんぶんどっかい》

わらしべちょうじゃ (2)

なまえ

きょうかしょの 「わらしべちょうじゃ」を よんで もらって、こたえましょう。

● ①～⑤は、おはなしの じゅんに なって います。（　）に あてはまる ことばを □から えらんで かきましょう。

	①	②	③	④	⑤

男《おとこ》が であった もの・人《ひと》	・わらしべ ・あぶ	男《おとこ》の子《こ》と その ははおや	女《おんな》の人《ひと》	うまと その もちぬし	大《おお》きな やしきの しゅじん
男《おとこ》が した こと。	一本《いっぽん》の（わらしべ）を つかんで、あぶを むすびつけた。	わらしべを あげて、（みかん）を もらった。	みかんを あげて（ぬの）を もらった。	ぬのを あげて（うま）を もらった。	うまを あげて（やしき）を もらった。

・わらしべ　・ぬの　・やしき
・うま　・みかん

すごいね。それで、人《ひと》びとは、この 男《おとこ》の ことを、わらしべちょうじゃと よぶように なったんだね。

54
頁

日《ひ》づけと よう日《び》 (1)
(日《ひ》づけ)

なまえ

● ―― せんの 日《ひ》づけの よみかたを かきましょう。

① 一月《いちがつ》 一日　（ついたち）

② 二月《にがつ》 二日　（ふつか）

③ 三月《さんがつ》 三日　（みっか）

④ 四月《しがつ》 四日　（よっか）

⑤ 五月《ごがつ》 五日　（いつか）

⑥ 六月《ろくがつ》 六日　（むいか）

⑦ 七月《しちがつ》 七日　（なのか）

⑧ 八月《はちがつ》 八日　（ようか）

⑨ 九月《くがつ》 九日　（ここのか）

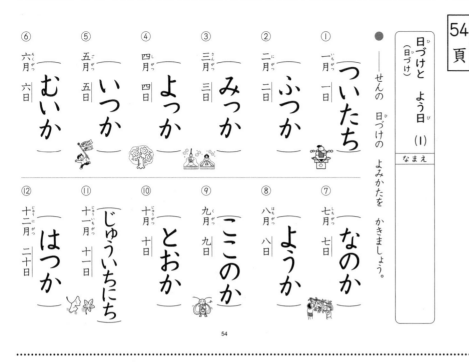

⑩ 十月《じゅうがつ》 十日　（とおか）

⑪ 十一月《じゅういちがつ》 十一日　（じゅういちにち）

⑫ 十二月《じゅうにがつ》 二十日　（はつか）

55
頁

日《ひ》づけと よう日《び》 (2)
(よう日《び》)

なまえ

● 日《にち》よう日《び》から じゅんばんに、□に よう日《び》を かん字《じ》で かきましょう。また（　）に よみかたを かきましょう。

① 日 よう日《び》（にち）ようび

② 月 よう日《び》（げつ）ようび

③ 火 よう日《び》（か）ようび

④ 水 よう日《び》（すい）ようび

⑤ 木 よう日《び》（もく）ようび

⑥ 金 よう日《び》（きん）ようび

⑦ 土 よう日《び》（ど）ようび

解答例

本書の解答は，あくまでもひとつの例です。児童に取り組ませる前に，必ず指導される方が問題を解いてください。指導される方の作られた解答をもとに，児童の多様な考えに寄り添って○つけをお願いします。

56頁

てがみで しらせよう (1)

なまえ

つぎの てがみの 文《ぶん》しょうを 二《に》かい よんで、こたえましょう。

たかしおじさんへ
ぼくの 町《まち》に、ゆきが
ふりました。おじさんと
いっしょに ゆきあそびを
したいな、と おもいました。
ひろとより

(令和二年度版 光村図書 国語一下 ともだち 「てがみで しらせよう」による)

(1) この てがみを かいたのは、だれですか。

ひろと

(2) この てがみを かいた あいては だれですか。

たかしおじさん

(3) どんな ことを しらせる てがみですか。一《ひと》つに ○を つけましょう。

( )町《まち》に でかけた ときの こと。

(○)ぼくの すむ 町《まち》に ゆきが ふった こと。

( )おじさんと ゆきあそびを した ときの こと。

57頁

てがみで しらせよう (2)

なまえ

つぎの てがみの 文《ぶん》しょうを 二《に》かい よんで、こたえましょう。

さかもとせんせい、おげんきですか。
わたしは、おんがくの じかんに、うたを
たくさん おぼえました。さかもとせんせいも、
しって いる うただと おもいます。
こんど、ようちえんに あそびに いきます。
その ときに うたうので、きいてください。
ほんだ ともみ

(令和二年度版 光村図書 国語一下 ともだち 「てがみで しらせよう」による)

(1) この てがみを かいたのは、だれですか。

ほんだ ともみ

(2) この てがみを かいた あいては だれですか。

さかもとせんせい

(3) どんな ことを しらせる てがみですか。一《ひと》つに ○を つけましょう。

( )さかもとせんせいが げんきな こと。

( )うたを うたうのが たのしかった こと。

(○)こんど あそびに いくときに、うたを きいてほしいと いう こと。

58頁

つづけよう③ こえに 出《だ》して よもう
かたつむりの ゆめ

なまえ

つぎの しを 二《に》かい よんで、こたえましょう。

かたつむりの ゆめ
かたつむり でんきち

あのね ぼく
ゆめの なかでは ね
ひかりのように はやく
はしるんだよ

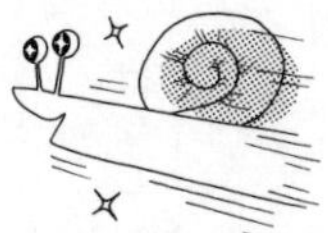

(令和二年度版 光村図書 国語一下 ともだち 「のはらうた」 くどう なおこ)

(1) しの だいめいは なんですか。一《ひと》つに ○を つけましょう。

(○)かたつむりの ゆめ

( )かたつむり でんきち

( )はしるんだよ

(2) ぼくとは、だれの ことですか。名《な》まえを かきましょう。

かたつむり でんきち

(3) ぼくは、ゆめの なかで どのように はしりますか。

(ひかり)の ように(はやく) はしる。

59頁

つづけよう③ こえに 出《だ》して よもう
はちみつの ゆめ

なまえ

つぎの しを 二《に》かい よんで、こたえましょう。

はちみつの ゆめ
こぐま きょうこ

とうみんしてる とき
わたしは しんしん
ゆめを みる
はちみつ いりの つぼ
だいて
あまい おかしを
つくる ゆめ

(令和二年度版 光村図書 国語一下 ともだち 「のはらうた」 くどう なおこ)

(1) わたしとは、だれの ことですか。名《な》まえを かきましょう。

こぐま きょうこ

(2) わたしは、いつ ゆめを みますか。一《ひと》つに ○を つけましょう。

(○)とうみんしてる とき。

( )はちみつ いりの つぼを だいて いる とき。

( )おかしが たべたい とき。

(3) ゆめの なかで なにを つくりますか。

(あまい)おかし

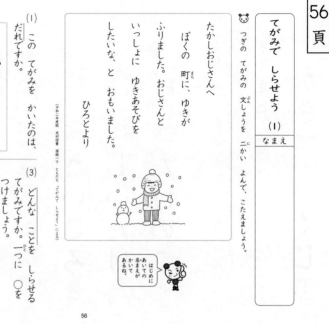

60頁

つづけよう③

ききたいな、ともだちの　はなし

なまえ

すきな　おはなしに　ついて　ともだちが　はなしを　して　います。つぎの　文《ぶん》しょうを　二《に》かい　よんで、もんだいに　こたえましょう。

ぼくが　すきな　おはなしは、「おかゆの　おなべ」です。女《おんな》の子《こ》と　おかあさんが　出《で》て　きます。町《まち》の　中《なか》が　おかゆだらけに　なる　ところが　おもしろくて、すきです。

(1)「ぼく」が、すきな　おはなしは、なんですか。

おかゆの　おなべ

(2)「ぼく」は、おはなしの　どんな　ところが　おもしろいと　いって　いますか。○を　つけましょう。

(　)女《おんな》の子《こ》と　おかあさんが　出《で》て　くる　ところ。

(○)町《まち》の　中《なか》が　おかゆだらけに　なる　ところ。

(3)「ぼく」の　はなしを　きいて、町《まち》の　中《なか》が　おかゆだらけに　なった　わけを　きく　ことに　しました。どのように　きくと　いいですか。一《ひと》つに　○を　つけましょう。

(　)どんな　ところが　おもしろいですか。

(○)どうして　町《まち》の　中《なか》が　おかゆだらけに　なったのですか。

(　)どこが　おかゆだらけに　なったのですか。

61頁

つづけよう③

たのしいな、ことばあそび (1)

なまえ

● 一字《いちじ》　ふやして、ことばを　へんしんさせます。〈れい〉の　ように、一字《いちじ》　ふやして　できる　ことばを　かきましょう。

〈れい〉いか　の　上《うえ》に　す　を　ふやして　すいか

① さい　の　上《うえ》に　や　を　ふやして　やさい

② くま　の　あいだに　る　を　ふやして　くるま

③ たい　の　下《した》に　こ　を　ふやして　たいこ

④ たき　の　あいだに　ぬ　を　ふやして　たぬき

⑤ いか　の　あいだに　る　を　ふやして　いるか

⑥ うし　の　上《うえ》に　ぼ　を　ふやして　ぼうし

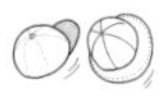

62頁

つづけよう③

たのしいな、ことばあそび (2)

なまえ

(1) 二字《にじ》　ふやして、ことばを　へんしんさせます。〈れい〉の　ように、二字《にじ》　ふやして　できる　ことばを　かきましょう。

〈れい〉たい　の　下《した》に　二字《にじ》を　い　く　の　ふやして　たいいく

① さい　の　下《した》に　二字《にじ》を　こ　ろ　の　ふやして　さいころ

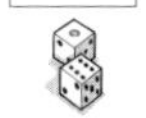

② たけ　の　上《うえ》に　二字《にじ》を　し　い　の　ふやして　しいたけ

③ たけ　の　下《した》に　二字《にじ》を　の　こ　の　ふやして　たけのこ

(2)「゛」を　つけて、ことばを　へんしんさせます。〈れい〉の　ように、「゛」を　つけて　できる　ことばを　かきましょう。

〈れい〉まと　→　まど

① かき　→　かぎ

② くし　→　くじ

63頁

たぬきの　糸車《いとぐるま》 (1)

なまえ

つぎの　文《ぶん》しょうを　二《に》かい　よんで、こたえましょう。

1

むかし、ある　山《やま》おくに、きこりの　ふうふが　すんで　いました。

※きこり…山《やま》や　林《はやし》で　木《き》を　きり出《だ》す　ことを　しごとに　して　いる　人《ひと》。

2

山《やま》おくの　一《いっ》けんや　なので、まいばんのように　たぬきが　やって　きて、いたずらを　しました。そこで、きこりは　わなを　しかけました。

※わな…とりや　けものを　おびきよせて、とらえる　しかけ。

(令和二年度版　光村図書　国語一下　ともだち　きし　なみ)

1

(1) いつの　おはなしですか。

むかし。

(2) ある　山《やま》おくに、だれが　すんで　いましたか。

（きこり）の　ふうふ。

2

(1) まいばんの　ように　やって　きた　たぬきは、なにを　しましたか。

いたずら

(2) きこりは、なにを　しかけましたか。一《ひと》つに　○を　つけましょう。

(　)糸車《いとぐるま》

(　)いたずら

(○)わな

解答例

本書の解答は，あくまでもひとつの例です。児童に取り組ませる前に，必ず指導される方が問題を解いてください。指導される方の作られた解答をもとに，児童の多様な考えに寄り添って○つけをお願いします。

64頁

たぬきの　糸車《いとぐるま》　(2)

なまえ

つぎの　文《ぶん》しょうを　二《に》かい　よんで、こたえましょう。

1

ある　月《つき》の　きれいな　ばんの　こと、おかみさんは、糸車《いとぐるま》を　まわして、糸《いと》を　つむいで　いました。

キーカラカラ　キーカラカラ
キークルクル　キークルクル

2

ふと　気《き》が　つくと、やぶれしょうじの　あなから、二《ふた》つの　くりくりした　目玉《めだま》が、㋐こちらを　のぞいて　いました。

（令和二年度版　光村図書　国語一下　ともだち　きし　なみ）

1 (1) いつの　ことですか。○を　つけましょう。

（　）まいばんの　こと。

（○）ある　月《つき》の　きれいな　ばんの　こと。

(2) おかみさんは、なにを　まわして　いましたか。

糸車

2 (1) やぶれしょうじの　あなから　なにが　のぞいて　いましたか。

二《ふた》つの（くりくり）した（目玉）。

(2) ㋐こちらとは、どちらの　ことですか。○を　つけましょう。

（○）糸車《いとぐるま》を　まわす　おかみさんの　ほう。

（　）月《つき》が　見《み》える　そとの　ほう。

64

65頁

たぬきの　糸車《いとぐるま》　(3)

なまえ

つぎの　文《ぶん》しょうを　二《に》かい　よんで、こたえましょう。

1

糸車《いとぐるま》が　キークルクルと　まわるに　つれて、二《ふた》つの　目玉《めだま》も、くるりくるりと　まわりました。

2

そして、月《つき》の　あかるい　しょうじに、糸車《いとぐるま》を　まわす　まねを　する　たぬきの　㋐かげが　うつりました。

（令和二年度版　光村図書　国語一下　ともだち　きし　なみ）

1 (1) 糸車《いとぐるま》は　どんな　ようすで　まわりますか。

キークルクル

(2) 二《ふた》つの　目玉《めだま》は　どんな　ようすで　まわりますか。

くるりくるり

2 しょうじに　うつった　㋐かげに　ついて　こたえましょう。

(1) だれの　かげですか。

たぬき

(2) どんな　かげですか。○を　つけましょう。

（　）月《つき》を　見《み》る　かげ。

（○）糸車《いとぐるま》を　まわす　まねを　する　かげ。

（　）目玉《めだま》を　まわす　かげ。

65

66頁

たぬきの　糸車《いとぐるま》　(4)

なまえ

つぎの　文《ぶん》しょうを　二《に》かい　よんで、こたえましょう。

1

おかみさんは、おもわず　㋐ふき出《だ》しそうに　なりましたが、だまって　糸車《いとぐるま》を　まわして　いました。

2

それからと　いう　もの、たぬきは、まいばん　まいばん　やって　きて、糸車《いとぐるま》を　まわす　まねを　くりかえしました。

「いたずらもんだが、かわいいな。」

（令和二年度版　光村図書　国語一下　ともだち　きし　なみ）

1 (1) ㋐ふき出《だ》しそうと　おなじ　ことを　あらわす　ことばに　○を　つけましょう。

（○）わらって　しまいそう。

（　）おこって　しまいそう。

(2) おかみさんは　どう　しましたか。○を　つけましょう。

（　）わらって　しまった。

（○）だまって　糸車《いとぐるま》を　まわして　いた。

2 (1) たぬきは、まいばん、どんな　ことを　くりかえしましたか。

糸車《いとぐるま》を　まわす（まね）。

(2) おかみさんは、たぬきの　ことを　どう　おもいましたか。文《ぶん》の　中《なか》の　ことばを　かきましょう。

かわいい　な。

66

67頁

たぬきの　糸車《いとぐるま》　(5)

なまえ

つぎの　文《ぶん》しょうを　二《に》かい　よんで、こたえましょう。

1

ある　ばん、こやの　うらで、キャーッと　いう　さけびごえが　しました。

2

おかみさんが　こわごわ　いって　みると、いつもの　わなに　たぬきが、かかって　いました。

（令和二年度版　光村図書　国語一下　ともだち　きし　なみ）

1 (1) さけびごえが　したのは、どこですか。

こやの　うら

(2) 「キャーッ」と　いう　こえは、どんな　こえでしたか。○を　つけましょう。

（　）ささやく　こえ。

（○）さけぶ　こえ。

2 (1) おかみさんは、どんな　ようすで　いって　みましたか。

こわごわ　いって　みた。

(2) おかみさんが　見《み》た　ものは、なんでしたか。一《ひと》つに　○を　つけましょう。

（　）あそんで　いる　たぬき。

（○）わなに　かかった　たぬき。

（　）糸車《いとぐるま》を　まわす　たぬき。

67

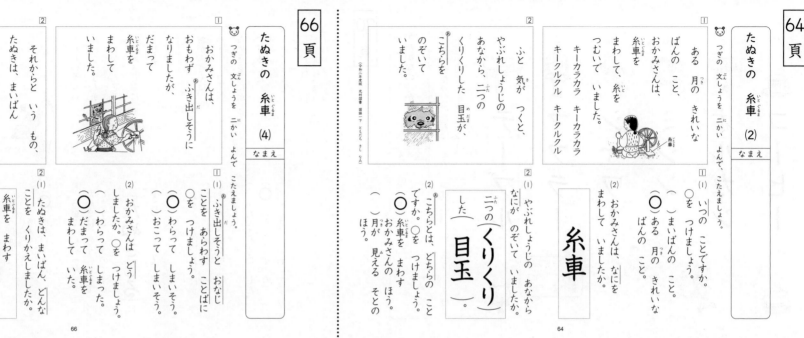

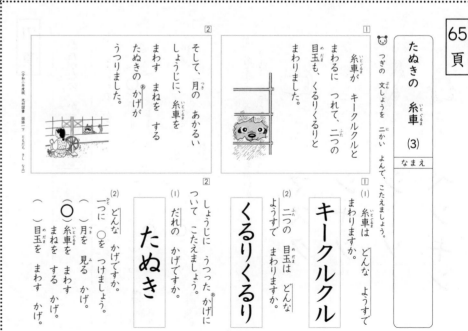

68 頁

たぬきの 糸車《いとぐるま》 (6)

なまえ

つぎの 文《ぶん》しょうを 二《に》かい よんで、こたえましょう。

1

［おかみさんが いって みると、たぬきが わなに かかって いました。］

「かわいそうに。
わなに なんか
かかるんじゃ ないよ。
たぬきじるに されて
しまうで。」

1

(1) おかみさんは、わなに かかった たぬきの ことを どう おもいましたか。○を つけましょう。

(　)かわいい。
(○)かわいそうだ。

(2) わなに かかった たぬきは、どう なって しまうと いうのですか。

(たぬきじる)に されて しまう。

2

おかみさんは、
そう いって、
たぬきを にがして
やりました。

（令和二年度版 光村図書 国語一下 ともだち きし なみ）

2

おかみさんは、わなに かかった たぬきを どう しましたか。一《ひと》つに ○を つけましょう。

(　)たぬきじるに した。
(○)にがして やった。
(　)いえで かわいがった。

69 頁

かたかなの かたち (1)

なまえ

(1) つぎの ひらがなを、かたかなに なおして かきましょう。

① か → カ
② も → モ
③ せ → セ
④ き → キ

(2) つぎの ひらがなを、かたちに きを つけて、かたかなに なおして かきましょう。

① あ → ア　ま → マ
② そ → ソ　ん → ン
③ つ → ツ　し → シ

(3) えに あう ことばを かたかなで かきましょう。

① シーツ
② ネクタイ

70 頁

かたかなの かたち (2)

なまえ

● かたかなの かたちに きを つけて、えに あう ことばを かたかなで かきましょう。

① テーブル
② マフラー
③ シャワー
④ ミシン
⑤ オルガン
⑥ コーヒー

71 頁

かたかなの かたち (3)

なまえ

(1) かたかなの かきかたが 正《ただ》しい ほうに ○を つけましょう。

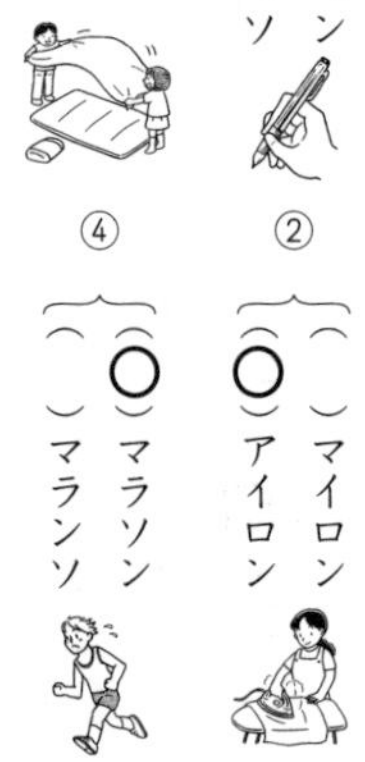

① (○)ボールペン
　 (　)ボールペソ
② (　)マイロン
　 (○)アイロン
③ (　)ツーシ
　 (○)シーツ
④ (○)マラソン
　 (　)マランソ

(2) 名《な》まえの カードに、まちがいが 一字《いちじ》ずつ あります。正《ただ》しく かきなおしましょう。

① アスク → マスク
② シャシ → シャツ
③ シーンー → シーソー
④ ペソギン → ペンギン

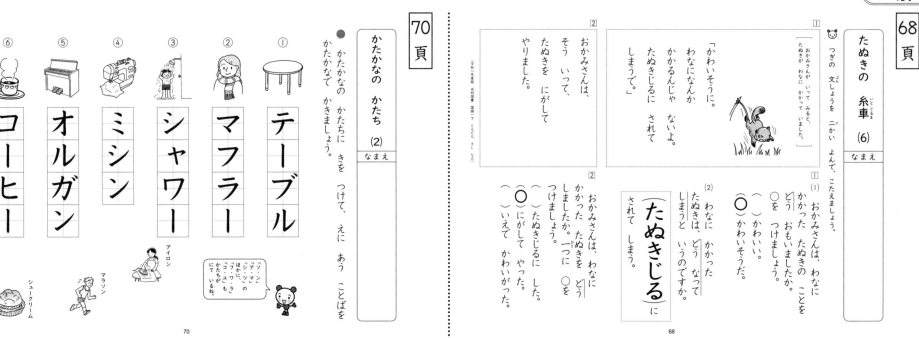

本書の解答は，あくまでもひとつの例です。児童に取り組ませる前に，必ず指導される方が問題を解いてください。指導される方の作られた解答をもとに，児童の多様な考えに寄り添って○つけをお願いします。

72頁

ことばを 見《み》つけよう (1)

なまえ

ことばの 中《なか》に かくれて いる ことばを 見《み》つけましょう。

(1) 〈れい〉の ように、□に あう ことばを かきましょう。

〈れい〉 ぼうし の 中《なか》には、うしが いる。

① はちまき の 中《なか》には、はちが いる。

② たいこ の 中《なか》には、たいが いる。

③ わかめ の 中《なか》には、かめが いる。

(2) 〈れい〉の ように、□に あう ことばを かきましょう。

〈れい〉 ぼうし の 中《なか》には、ぼうが ある。

① すいとう の 中《なか》には、いと(とう)が ある。

② きつつき の 中《なか》には、つき(つつ)が ある。

③ ダンボール の 中《なか》には、ボールが ある。

73頁

ことばを 見《み》つけよう (2)

なまえ

(1) 上《うえ》と 下《した》の ことばが つながるように ——せんで むすびましょう。

① いわしの 中《なか》には、いわが / いわしの 中《なか》には、わしが —— いる。／ある。（いわが—ある。 わしが—いる。）

② クリスマスの 中《なか》には、リスが —— いる。／クリスマスの 中《なか》には、クリが —— ある

『ぼうしの 中《なか》には、うしが いる。』、『ぼうしの 中《なか》には、ぼうが ある。』の ように、いきものの ときは、「○○が いる。」ものの ときは、「○○が ある。」と なります。

(2) □に あてはまるのは、「いる」ですか。「ある」ですか。「いる」か 「ある」か、どちらかを かきましょう。

① みかん の 中《なか》には、かんが ある。

② れいぞうこ の 中《なか》には、ぞうが いる。

③ パンダ の 中《なか》には、パンが ある。

74頁

どうぶつの 赤《あか》ちゃん (1)

なまえ

つぎの 文《ぶん》しょうを 二《に》かい よんで、こたえましょう。

1

しまうまの
赤《あか》ちゃんは、
生《う》まれた ときに、
もう やぎぐらいの
大《おお》きさが あります。

2

目《め》は あいて いて、
耳《みみ》も ぴんと 立《た》って
います。
しまの もようも
ついて いて、
おかあさんに
そっくりです。

（令和二年度版 光村図書 国語一下 ともだち ますい みつこ）

1

(1) なにの 赤《あか》ちゃんが 生《う》まれた ときの ようすを かいた 文《ぶん》しょうですか。

しまうま

(2) 赤《あか》ちゃんは、どれぐらいの 大《おお》きさですか。

（やぎ）ぐらい。

2

(1) 目《め》や 耳《みみ》は、どんな ようすですか。○を つけましょう。

（　）目《め》は あいて いるが、耳《みみ》は とじて いる。

（○）目《め》は あいて いて、耳《みみ》は 立《た》って いる。

(2) おかあさんと くらべて みると、どう 見《み》えますか。文《ぶん》の 中《なか》の ことばを かきましょう。

そっくり

75頁

どうぶつの 赤《あか》ちゃん (2)

なまえ

つぎの 文《ぶん》しょうを 二《に》かい よんで、こたえましょう。

1

しまうまの
赤《あか》ちゃんは、生《う》まれて
三十《さんじっ》ぷんも たたない
うちに、じぶんで
立《た》ち上《あ》がります。
そして、
つぎの 日《ひ》には、
はしるように なります。

2

だから、つよい
どうぶつに
おそわれても、
おかあさんや なかまと
いっしょに
にげる ことが
できるのです。

（令和二年度版 光村図書 国語一下 ともだち ますい みつこ）

1

(1) しまうまの 赤《あか》ちゃんが じぶんで 立《た》ち上《あ》がる ことが できるのは、いつですか。○を つけましょう。

（○）生《う》まれて 三十《さんじっ》ぷんも たたない うち。

（　）生《う》まれた つぎの 日《ひ》。

(2) 生《う》まれた つぎの 日《ひ》に なにが できるように なりますか。

（はしる）こと。

2

つよい どうぶつに おそわれた とき、しまうまの 赤《あか》ちゃんは、どう する ことが できますか。

おかあさんや なかまと
（いっしょ）に
（にげる）こと。

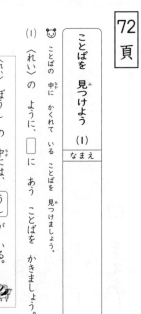

76 頁

どうぶつの 赤《あか》ちゃん (3)

なまえ

つぎの 文《ぶん》しょうを 二《に》かい よんで、こたえましょう。

1
しまうまの 赤《あか》ちゃんが、おかあさんの おちちだけ のんで いるのは、たった 七日《なのか》ぐらいの あいだです。

2
その あとは、おちちも のみますが、じぶんで 草《くさ》も たべるように なります。

(令和二年度版 光村図書 国語一下 ともだち ますい みつこ)

1 (1) しまうまの 赤《あか》ちゃんが はじめに のむ ものは、なんですか。○を つけましょう。

(○)おかあさんの おちち。
( )草《くさ》。

(2) しまうまの 赤《あか》ちゃんが おちちだけ のんで いるのは、どれぐらいの あいだですか。

たった(七日)ぐらいの あいだ。

2 七日《なのか》ぐらい すぎた あとの、しまうまの 赤《あか》ちゃんの のむ ものや たべる ものは なんですか。一つに ○を つけましょう。

( )おちちだけ。
( )草《くさ》だけ。
(○)おちちと 草《くさ》の どちらも。

77 頁

全文読解《ぜんぶんどっかい》

どうぶつの 赤《あか》ちゃん (4)

なまえ

きょうかしょの「どうぶつの 赤《あか》ちゃん」を よんで、こたえましょう。

● ライオンの 赤《あか》ちゃんと しまうまの 赤《あか》ちゃんの 生《う》まれた ときの ようすに ついて くらべました。( )に あてはまる ことばを、下《した》の □ から えらんで かきましょう。

	ライオンの 赤ちゃん	しまうまの 赤ちゃん
大《おお》きさ	(子ねこ)ぐらい。	(やぎ)ぐらい。
目	(とじた まま)。	(あいて いる)。
耳《みみ》	(とじた まま)。	(ぴんと 立って いる)。
おかあさんと くらべて	あまり(にて いない)。	(そっくり)。

・やぎ ・子《こ》ねこ

・あいて いる ・とじた まま

・とじた まま ・立《た》って いる

・そっくり ・にて いない

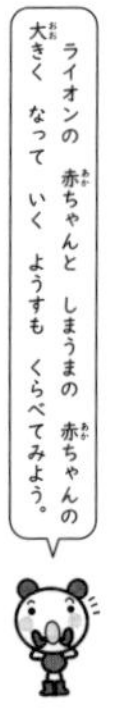
ライオンの 赤《あか》ちゃんと しまうまの 赤《あか》ちゃんの 大《おお》きく なって いく ようすも くらべて みよう。

78 頁

どうぶつの 赤《あか》ちゃん (5) (もっと よもう)

なまえ

つぎの 文《ぶん》しょうを 二《に》かい よんで、こたえましょう。

1
カンガルーの 赤《あか》ちゃんは、生《う》まれた ときは、たいへん 小《ち》さくて、一円玉《いちえんだま》ぐらいの おもさです。

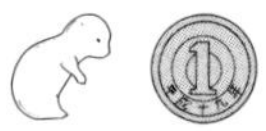

2
目《め》も 耳《みみ》も、どこに あるのか、まだ よく わかりません。はっきり わかるのは、口《くち》と まえあしだけです。

(令和二年度版 光村図書 国語一下 ともだち ますい みつこ)

1 (1) なんと いう どうぶつの ことが かいて ある 文《ぶん》しょうですか。

カンガルー

(2) 赤《あか》ちゃんは、どれぐらいの おもさですか。

(一円玉)ぐらい。

2 (1) 生《う》まれた ときに、どこに あるのか よく わからない ものを 二《ふた》つ えらんで ○を つけましょう。

(○)目《め》 (○)耳《みみ》
( )口《くち》 ( )まえあし

(2) 生《う》まれた ときに、はっきり わかる ものを 二《ふた》つ かきましょう。

口

まえあし

79 頁

どうぶつの 赤《あか》ちゃん (6) (もっと よもう)

なまえ

つぎの 文《ぶん》しょうを 二《に》かい よんで、こたえましょう。

1
(カンガルーの 赤《あか》ちゃんは、生《う》まれた ときは、たいへん 小《ち》さく、はっきり わかるのは、口《くち》と まえあしだけです。)

それでも、赤《あか》ちゃんは、この 小《ち》さな まえあしで、おかあさんの おなかに はい上《あ》がって いきます。

2
あ、じぶんの ちからで、おなかの ふくろに 入《はい》ります。

(令和二年度版 光村図書 国語一下 ともだち ますい みつこ)

1 (1) カンガルーの 赤《あか》ちゃんは、どこに はい上《あ》がって いきますか。

おかあさんの(おなか)。

(2) 赤《あか》ちゃんは、なにを つかって はい上《あ》がって いきますか。○を つけましょう。

(○)小《ち》さな まえあし。
( )小《ち》さな おなか。

2 (1) あ に あてはまる ことばに ○を つけましょう。

( )それでも
(○)そして

(2) 赤《あか》ちゃんは、じぶんの ちからで どこに 入《はい》りますか。

おなかの ふくろ

解答例

本書の解答は，あくまでもひとつの例です。児童に取り組ませる前に，必ず指導される方が問題を解いてください。指導される方の作られた解答をもとに，児童の多様な考えに寄り添って○つけをお願いします。

80頁

これは、なんでしょう

なまえ

きょうかしょの 「これは、なんでしょう」を よんで、こたえましょう。

(1) ともだちが つぎの もんだいを 出《だ》しました。こたえを かんがえて かきましょう。

① 人《ひと》の あたまの 上《うえ》に のせます。あつい ときや、さむい ときに つかって、あたまや からだを まもります。これは、なんでしょう。

ぼうし

② 字《じ》を けすときに つかいます。つかうと、だんだん 小《ちい》さく なります。これは、なんでしょう。

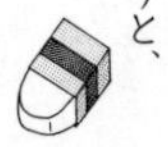

けしゴム

(2) ともだちが つぎの もんだいを 出《だ》しました。こたえを 見《み》つける ために、どんな しつもんを すると よいでしょうか。二《ふた》つ えらんで ○を つけましょう。

たべものを たべる ときに つかいます。手《て》に もって つかう どうぐです。これは、なんでしょう。

(○) どんな たべものを たべる ときに つかいますか。

( ) すきな たべものは なんですか。

( ) きょう、あさごはんは、なんじに たべましたか。

(○) 二本《にほん》で 一《ひと》くみの どうぐですか。

80

81頁

ずうっと、ずっと、大《だい》すきだよ (1)

なまえ

きょうかしょの つぎの 文《ぶん》しょうを 二《に》かい よんで、こたえましょう。

1

「にいさんや いもうとも、…」から「…ぼくの 犬《いぬ》だったんだ。」まで

2

「エルフと ぼくは、まい日《にち》 いっしょに…」から「…ほりかえすのが すきだった。」まで

1

(1) にいさんや いもうとは、エルフの ことを どう おもって いましたか。

(大すき)だった。

(2) エルフは だれの 犬《いぬ》だと、「ぼく」は おもって いましたか。

ぼく

2

(1) まい日《にち》 いっしょに あそんだ のは、だれと だれですか。

エルフ

ぼく

(2) エルフが すきだった ことは、なんですか。二《ふた》つ えらんで ○を つけましょう。

(○) りすを おいかける こと。

( ) ママと あそぶ こと。

(○) 花《か》だんを ほりかえす こと。

81

82頁

ずうっと、ずっと、大《だい》すきだよ (2)

なまえ

きょうかしょの つぎの 文《ぶん》しょうを 二《に》かい よんで、こたえましょう。

1

「ときどき、エルフが わるさを すると、…」から「…エルフの こと、大《だい》すきだった。」まで

2

「すきなら すきと、いって やれば…」から「…わかると おもって いたんだね。」まで

1

(1) うちの かぞくが すごく おこったのは、どんな ときでしたか。

エルフが(わるさ)を した とき。

(2) エルフの ことを 大《だい》すき だったのは、だれですか。

みんな

2

(1) みんなは だれに すきと いって やらなかったのですか。

エルフ

(2) みんなが だれも すきと いって やらなかったのは、なぜですか。

(いわなくって)も、すきと (わかる)と おもって いたから。

82

83頁

ずうっと、ずっと、大《だい》すきだよ (3)

なまえ

きょうかしょの つぎの 文《ぶん》しょうを 二《に》かい よんで、こたえましょう。

1

「いつしか、ときが たって いき、…」から「…どんどん ふとって いった。」まで

2

「エルフは、年《とし》を とって、…」から「…ぼくは、とても しんぱいした。」まで

1

(1) ときが たって、ぐんぐん のびたのは、なんですか。

ぼくのせ

(2) エルフは どんどん どう なって いきましたか。

(ふとって) いった。

2

(1) 年《とし》を とった エルフは、どう なりましたか。二《ふた》つに ○を つけましょう。

( ) ねなく なった。

(○) ねて いる ことが おおく なった。

(○) さんぽを いやがる ように なった。

(2) ぼくは どんな きもち でしたか。

しんぱい

83

84頁

ずうっと、ずっと、大《だい》すきだよ (4)

なまえ

きょうかしょの　つぎの　文《ぶん》しょうを　二《に》かい　よんで、こたえましょう。

1

「ぼくたちは、エルフを　じゅういさんに…」

から

「…できる　ことは　なにも　なかった。」

まで

2

「「エルフは、年《とし》を…」」

から

「…じゅういさんは、そう　いった。」

まで

1 (1) ぼくたちは、エルフを　だれの　ところに　つれて　いきましたか。

じゅういさん

(2) じゅういさんは、エルフを　げんきに　する　ことが　できましたか。○を　つけましょう。

(　)できた。

(○)できなかった。

2 じゅういさんは、エルフの　ことを　なんと　いいましたか。いった　ことばを　かきうつしましょう。

「エルフは、年を　とったんだよ。」

84

85頁

ずうっと、ずっと、大《だい》すきだよ (5)

なまえ

きょうかしょの　つぎの　文《ぶん》しょうを　二《に》かい　よんで、こたえましょう。

1

「まもなく、エルフは、かいだんも　…」

から

「…ねなくちゃ　いけないんだ。」

まで

2

「ぼくは、エルフに　やわらかい　…」

から

「…エルフは、きっと　わかって　くれたよね。」

まで

1 かいだんを　上《のぼ》れなくても、エルフは　どこで　ねなくちゃ　いけないと、ぼくは　おもって　いますか。

ぼくの　へや

2 (1) ねる　とき、ぼくが　エルフに　やった　ものは　なんですか。○を　つけましょう。

(○)やわらかい　まくら。

(　)大《だい》すきな　ふとん。

(2) ぼくは、ねる　まえに、かならず　エルフに　なんと　いって　やりましたか。いった　ことばを　かきうつしましょう。

「エルフ、ずうっと、大すきだよ。」

85

86頁

にて　いる　かん字《じ》 (1)

なまえ

(1) つぎの　かん字《じ》の　かき　じゅんが　正《ただ》しい　ほうに　○を　つけましょう。

① 人　(○) ノ 人　／　(　) 、 人

② 入　(　) ＼ 入　／　(○) ノ 入

③ 右　(　) 一 ナ 右　／　(○) ノ ナ 右

④ 左　(○) 一 ナ 左　／　(　) ノ ナ 左

⑤ 上　(　) - ト 上　／　(○) 丨 ト 上

⑥ 土　(○) 一 十 土　／　(　) 丨 十 土

(2) ——せんを　ひいた　かん字《じ》が　正《ただ》しい　ほうに　○を　つけましょう。

① (○)たねを　見つける。　／　(　)たねを　貝つける。

② (　)字《こう》校へ　いく。　／　(○)学校《こう》へ　いく。

③ (　)へやに　人る。　／　(○)へやに　入る。

④ (○)川《かわ》で　石を　ひろう。　／　(　)川《かわ》で　右を　ひろう。

⑤ (○)にわの　土を　ほる。　／　(　)にわの　上を　ほる。

86

87頁

にて　いる　かん字《じ》 (2)

なまえ

● にて　いる　かん字《じ》に　気《き》を　つけて　かきましょう。

① きれいな　貝《かい》を　見《み》つける。

② 村《むら》の　ちかくに　林《はやし》が　ある。

③ 右《みぎ》手《て》で　石《いし》を　ひろう。

④ 人《ひと》が　へやに　入《はい》って　いく。

⑤ にわの　土《つち》を　もり　上《あ》げる。

⑥ 学《がっ》校《こう》で　かん　字《じ》を　かく。

87

本書の解答は，あくまでもひとつの例です。児童に取り組ませる前に，必ず指導される方が問題を解いてください。指導される方の作られた解答をもとに，児童の多様な考えに寄り添って○つけをお願いします。

88 頁

にて いる かん字《じ》 (3)

なまえ

● にて いる かん字《じ》に 気《き》を つけて かきましょう。

① 大《おお》きな 木《き》の 下《した》で 本《ほん》を よむ。

② 王《おう》さまは たからの 玉《たま》を もって いる。

③ あさ 早《はや》く おきて にわの 草《くさ》とりを した。

④ 森《もり》や 林《はやし》には いろいろな いきものが いる。

⑤ 村《むら》の 学《がっ》校《こう》は、いえから とおい。

⑥ 白《しろ》い がようしを 百《ひゃく》まい かう。

88

89 頁

いい こと いっぱい、一年生《いちねんせい》

なまえ

つぎの 文《ぶん》しょうを 二《に》かい よんで、こたえましょう。

1

がんばった 玉《たま》入《い》れ
一年《いちねん》二《に》くみ おおた ゆい

五月《ごがつ》の うんどうかいで、
玉《たま》入《い》れを がんばりました。

2

おなじ チームの
二年生《にねんせい》が、
「かごの ちかくに いって
なげると いいよ。」
と、おしえて くれました。
やって みると、たくさん
入《はい》りました。

㋐らいねんは、
わたしが、一年生《いちねんせい》に
おしえて あげようと
おもいます。

（令和二年度版　光村図書　国語一下　ともだち「いい　こと　いっぱい、一年生」による）

1 おおたさんは、なにに ついて、かいて いますか。

うんどうかいで
（ 玉入れ ）を
がんばった こと。

2

(1) 二年生《にねんせい》が おしえて くれた ことを やって みると、どう なりましたか。○を つけましょう。

（○）玉《たま》が たくさん 入《はい》った。
（　）玉《たま》が すこししか 入《はい》らなかった。

(2) ㋐らいねんは、…おもいます。の 文《ぶん》で、おおたさんは どんな ことを かいて いますか。一《ひと》つに ○を つけましょう。

（　）した こと。
（　）いわれた こと。
（○）おもった こと。

89

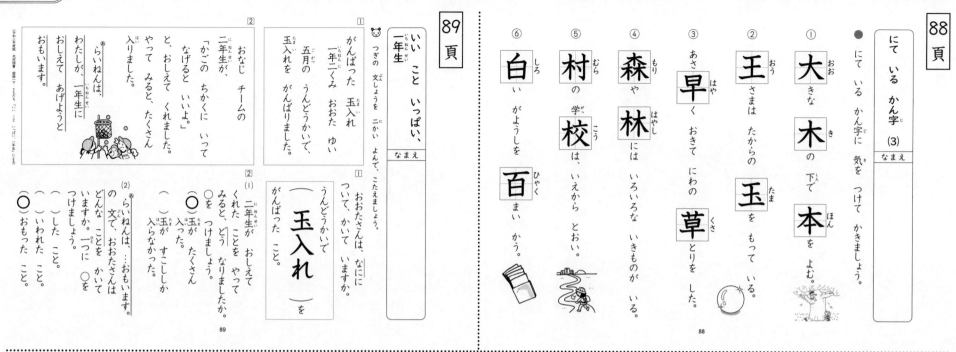

喜楽研の支援教育シリーズ
ゆっくり　ていねいに学べる
国語教科書支援ワーク 1-②　光村図書の教材より抜粋

2023 年 3 月 1 日

原 稿 検 討：中村　幸成
イ ラ ス ト：山口　亜耶　他
表紙イラスト：鹿川　美佳
表紙デザイン：エガオデザイン
企 画・編 著：原田　善造・あおい　えむ・今井　はじめ・さくら　りこ・中田　こういち
なむら　じゅん・ほしの　ひかり・堀越　じゅん・みやま　りょう（他４名）
編 集 担 当：中川　瑞枝

発　行　者：岸本　なおこ
発　行　所：喜楽研（わかる喜び学ぶ楽しさを創造する教育研究所：略称）
〒604-0827　京都府京都市中京区高倉通二条下ル瓦町 543-1
TEL 075-213-7701　FAX 075-213-7706　HP https://www.kirakuken.co.jp
印　　刷：株式会社米谷

ISBN : 978-4-86277-386-9

Printed in Japan